Johanna Jai

Moment mal... etwa Spuren von Glück!

Kurzgeschichten aus dem Leben

Johanna Jahnel

Moment mal...
etwa Spuren
von Glück?

Kurzgeschichten aus dem Leben

Bibliografische Information der Deutschen Nationalbibliothek:
Die Deutsche Nationalbibliothek verzeichnet diese Publikation
in der Deutschen Nationalbibliografie;
detaillierte bibliografische Daten sind im Internet über
dnb.dnb.de abrufbar.

© 2024 Johanna Jahnel
Buchsatz und Covergestaltung: Werner Ochs
Fotografien: Johanna Jahnel

Verlag: BoD · Books on Demand GmbH, In de Tarpen 42, 22848 Norderstedt
Druck: Libri Plureos GmbH, Friedensallee 273, 22763 Hamburg

ISBN: 978-3-7693-0583-8

Johanna Jahnel

Moment mal... etwa Spuren von Glück?

Kurzgeschichten aus dem Leben

Bibliografische Information der Deutschen Nationalbibliothek:
Die Deutsche Nationalbibliothek verzeichnet diese Publikation
in der Deutschen Nationalbibliografie;
detaillierte bibliografische Daten sind im Internet über
dnb.dnb.de abrufbar.

© 2024 Johanna Jahnel
Buchsatz und Covergestaltung: Werner Ochs
Fotografien: Johanna Jahnel

Verlag: BoD · Books on Demand GmbH, In de Tarpen 42, 22848 Norderstedt
Druck: Libri Plureos GmbH, Friedensallee 273, 22763 Hamburg

ISBN: 978-3-7693-0583-8

AUTOBIOGRAFIE

Johanna Jahnel geboren 1948 in Immenhausen bei Kassel.
In ihrem „Ersten Leben" – Ausbildung zur Erzieherin,
später dann Ausbildung zur Altenpflegerin.
Fast 40 Jahre mit viel „Herzblut" und in leitender Tätigkeit
ihre „Berufung" gefunden.
Mit 62 Jahren, sensibilisiert und inspiriert durch eine gute
Freundin, die Menschen auf „besondere Weise" ans Schreiben
heranführen kann und einen guten Freund, der schon lange
dem Schreiben verfallen ist.
Beides professionelle Lehrer und beide maßgeblich daran
beteiligt, dass dieses Buch mit Texten aus dem ganz
alltäglichen Leben, mit all seinen Begrenzungen, aber vor allem
mit all seinen glücklichen Momenten aus ihrer Sicht
zustande kam.
Mut, Humor und Vergebung stehen dabei im Vordergrund.
Mein Dank gilt meiner „Mutmacherin" Angelika
und allen anderen WegbegleiterInnen und UnterstützerInnen.

VORWORT

Schon allein der Titel „Moment mal...Spuren von Glück" lässt den Lesenden erahnen, wie dicht die lebenserfahrene Autorin ihrem Leben nicht nur auf der Spur zu sein scheint, sondern aus den tiefen Spuren ihres langen, bisherigen Daseins mit genauem Blick und sprachlichem Feingefühl mit leisen, einprägsamen Texten reale, sehr menschliche und zwischenmenschliche Situationen beschreibt.

Sie versteht es meisterhaft, das Wunderbare des Augenblicks in allen Facetten literarisch aufzunehmen und zu bewahren.

In Situationen, wo Beklommenheit, Frust, Enttäuschungen, Betroffenheit und geheime Ängste ihre Seele belasteten, suchte sie sich immer wieder Auswege, zu dem ihr angeborenen Selbstvertrauen zurückzukehren, das auch dann nicht in den Schatten zu treten scheint, wenn ihrer imaginäre Himmelsleiter zuweilen einige Trittsprossen abhanden gekommen waren.

Ihre ehrlichen Texte, aus dem Bauch heraus aus einer bewegten Vergangenheit hervorgeholt, dringen tief in das Wesen der Liebe und des gelebten, wahren Menschseins ein.
Ihr Mut, ständig neue, erkenntnisreiche Pfade zu gehen in der Gewissheit, dass jeder Weg, den einer wirklich ging, krumm

gewesen ist, bringt sie tagtäglich voller Glück dem Himmel ein Stückchen näher.

Liebevoll erzählte Naturbeobachtungen, ein sich Versenken in die Schönheiten der Jahreszeiten runden ihre Texte auf eine besonders einfühlsame Weise ab.

Die leisen Töne sind es, die ihr Ohr und ihr Herz weit öffnen und ihr die Hoffnung geben, weiterhin positiv in die nahe und fernere Zukunft zu blicken.

Das Büchlein erzählt vom Suchen von Spuren des Glücks. Lassen wir es auf uns wirken!

Dieter Chr. Ochs, Lyriker, Buchautor, Kunstmaler

80 - und kein bisschen leise...
Altersanarchie etwa?

Lautstark tönt es plötzlich neben mir:
"Das ist hier eine Lesung, da ist man leise – und hört zu!!"
Alles ist plötzlich mucksmäuschenstill, aber so was von still!

Und zwar "Alle" - auch die, die vorher schon still waren...

Um ein Haar hätten die "Jungs" strammgestanden –

Frage nicht!

Ich muss einen Lacher unterdrücken –

Gelingt aber nur halbherzig...

Und ja, so ein kleines bisschen

haben sie mir schon leidgetan - die "alten Jungs" -

Aber - Herrschaftszeiten - das hat was!

Ich muss nix machen... gar nix...

Das ist neu! Und schön!!!

Sie hat sie im Griff - die "Schwatzhaften" -

Und klar, alle anderen sowieso!

War schon immer so!

Ist eben ein "Anführer Typ"...

Die Betreuung wollte für Ruhe zu sorgen -

Sie hat`s auch versucht -

Drang aber nicht durch...

War zu zaghaft - zu lieb...

Ja, manchmal -

Manchmal kann man "Altersanarchie"

gut gebrauchen!"

Akrostichon

Aber – wir wollen nicht, dass du gehst...
Blacky – du bist schon so lange an unserer Seite
und wir haben uns doch so an dich gewöhnt.
Wir sind traurig, du – Schöner!
Doch nun ist deine Zeit gekommen.
Chance auf Heilung war nicht möglich.
Unser Leben mit dir war schön!
Du hast es jeden Tag lebendig mitgestaltet.
Du hast es bereichert, oh ja!
Immer wirst du
In unseren Herzen sein.
Es erfüllt uns mit großer Freude und Dankbarkeit,
dass du so viele Jahre an unserer Seite sein wolltest.

In Liebe...

Brüderchen und Schwesterchen

Mein lieber, kleiner Bruder -
Du bist - gefühlt, immer an meiner Seite!
Ich war fünf, als du, im Wäschekorb liegend und auf einem
Stuhl neben dem Bollerofen im Schlafzimmer standest...
Mit dir waren wir komplett!
So einen kleinen Bruder - ja, den kann man beschützen und
gar etwas beibringen... und so schön spielen - unter dem
Küchentisch - mit Opas "Holz-Abfall-Klötzchen"...
Er war Schreiner, na ja, da fiel eben manchmal was ab...
Und - so ein kleiner Bruder macht eben auch alles mit...
Mutti hat dir die Haare mit einer Spange gebändigt...
Du sahst zum „Anbeißen" aus!
Du warst nie ein „Wilder" - eher vorsichtig und zurückhaltend.
Doch Papa wollte einen „ganzen Kerl" aus dir machen - Oh ja!
Das konnte so aussehen, dass ein „ganzer Kerl",
in Papas Augen - die Erbsensuppe mit den Schweinefüßen
drin... (IGITT, IGITT, IGITT) ganz und gar -
und in angemessener Zeit(!) - aufzuessen hatte...
Du saßt heulend davor - lange, sehr lange -
Es ging einfach nicht...
Die Suppe war ok - aber die Schweinefüße...
Doch dann kam Muttis großer Auftritt -

Meist, oder eigentlich immer - weinte sie ja mit...
Aber dieses Mal - ja, dieses Mal - hatte sie keine Angst!
Sie nahm den Teller samt den ekligen Schweinefüßen
und warf ihn an die Wand...
UNGLAUBLICH!
Und dann ist sie weggelaufen - was ziemlich schlau war!
Zum Glück gab's da nämlich „Verbündete"... ganz in der Nähe!
Gott sei Dank!
Doch einmal, nur einmal hast du es Papa „heimgezahlt"...
Du hast alle seine geliebten Hasen aus den Ställen freigelassen,
weil er steif und fest - und nicht mehr ganz nüchtern -
Behauptete, du hättest sie nicht gefüttert!
Nachts um 24 Uhr!
Na klar hatten die Hasen bis dahin alles weggefressen!!!
Die hoppelten am anderen Tag alle irgendwo herum -
Und es konnten auch nicht alle wieder gefunden werden...
Da hatten bestimmt einige Nachbarn einen „heimlichen"
und leckeren Hasenschmaus...
Das beeindruckt mich bis heute!
Das war mutig!
Oh ja!
Doch wie fast immer gab es auch die andere Seite,
was unseren Papa betraf...
Er brachte uns die Natur nahe -
Allen seinen Kindern... und das wirkt bis heute nach!

Gott sei Dank... und wir, seine Kinder -
Werden ihm das GUTE auch niemals vergessen...
Trotz Allem!
Und unser Mütterchen –
Sie hat dich immer ganz besonders beschützt!
Eure Bindung war eben eine ganz besondere!
Der „Jüngste" eben – und dazu noch so süß und lieb...
Und dann, irgendwann - warst du ihr Beschützer!
Manchmal - ja manchmal bekommt man zurück,
was man gibt... Gott sei Dank!
Und auch ich – immer konnte und kann ich mich auf dich verlassen! Bei schweren Entscheidungen – du warst an meiner Seite - und es sind noch so einige Menschen aufzuzählen, denen du bis heute treu beistehst!
Gestern erst sah ich dich wieder mit deinem Freund um unseren wunderschönen Kampteich gehen...
Und heute machst du einen Einkauf für deine Patentante...
Unser Mütterchen und auch der Papa - wären so stolz auf dich! Und ich bin's auch!
SOWIESO!
Und dankbar bin ich - Oh ja –
Für so einen empathischen Bruder!
Hat nicht jeder... Ich schon!

GOTT SEI DANK!

Der Milchschrank

Er steht noch heute in meinem Wohnzimmer...
Ich kenne ihn schon gut 70 Jahre...
Er hat vier kreisrund gefräste Öffnungen
im oberen Bereich beider Türen...
Von innen mit Fliegendraht versehen...

Unser Milchschrank!
Unentbehrlich – seinerzeit.

Er stand im kühlen Flur, direkt neben der Tür zum Heuboden -
Wo jedes Jahr kleine Kätzchen im Heu spielten...
Jede Menge Mäuse und Spinnen wohnten -
Und es unglaublich gut roch - nach Heu eben...
Hab ihn sofort wieder in der Nase – den Duft nach Heu!

Jeden Abend holten wir 2 Liter Milch –
Beim Bauern um die Ecke, direkt von der Kuh...
Noch warm...
Und manchmal schwamm ein kleiner Strohhalm darin...
Wurde raus gefischt, keiner störte sich daran...
Hygienevorschriften??? Was ist das denn?

*Die Milch wurde gekocht, wir durften uns satt trinken und dann kam die Milch in den Milchschrank.
Über Nacht hatte sich eine dicke Haut gebildet.
Sie wurde mit dem Löffel abgefischt, Zucker drauf gestreut und das Kind, das es am nötigsten brauchte,
bekam diese Köstlichkeit.*

*Ich war`s nicht...seufz!
Ich war immer kräftig und robust...
Mein Schwesterchen dagegen, zart und mit wenig Appetit -
Tja, Pech gehabt...*

*Doch manchmal, im Sommer -
Kochte Mutti die Milch nicht ab.
Sie stellte sie sofort in den Milchschrank...
Und am anderen Tag gab es DICKMILCH...
mit Zucker und Zimt...*

*Oh Mann - wie KÖSTLICH!!!
Und dann erst der Milchreis...*

Meine erste Wahl!

*Bis heute - wenn mich jemand fragt,
was mein „Leibgericht" ist - Milchreis - ganz klar...*

Nie, niemals blieb etwas übrig...
Die Teller - immer wie leer geputzt!
Und noch heute sehe ich manchmal, in Gedanken -
So wie jetzt -
Wie die schweren Milchkannen zum Abholen
auf der Milchbank stehen...

9 Uhr... und ich könnte einen Teller Milchreis verputzen... mit Zucker und Zimt!

Oh ja!

Die "Neue"

Kann sich für mich - einfach nicht so recht erwärmen...
Und wie ich es auch drehe -
Nix!
Ist ja nicht das erste Mal - enttäuscht zu werden...

Nein, nein -

Aber dann auch das noch?
Dumme Sprüche??

"Du musst geduldig sein"...
"Man muss sich doch erst aneinander gewöhnen,
jede hat doch so ihre Macken..."
"Gib ihr Zeit!"

Und - mal ehrlich, die "Alte" war doch wirklich sehr
kostenintensiv - dauernd brauchte sie was
und machte auch nicht mehr immer, was sie sollte!

Wir waren manchmal genervt wegen der "Alten"...
Ja "früher," als sie noch ohne Blessuren war, hübsch anzusehen

und noch tat, was ihre Aufgaben waren –

*Oh ja – Aufgabenteilung hat eben
(in diesem Fall) – auch Vorteile*

*Da hast du sie noch wertgeschätzt und beachtet –
Gar angegeben mit ihr...
Ok, Ok!
Aber die "Neue" – kalt bis ins Herz –
Und Leute:
Wenn's einem eiskalt, vom Fuß bis in die Hände
oder gar in die Nasenspitze zieht –*

"Weißte Bescheid!"

*Zurzeit hilft nur:
Heizlüfter
Wollsocken
Wolldecken
Handschuhe...*

*Dabei ist sie doch das Modernste auf dem Markt –
Sagen sie...*

Keine Blessuren, schlanker als die "Alte"...

Und immer, wenn du an ihr vorbeigehst, hat sie so ein Leuchten im oberen Bereich...
Das hat was!

Sogar vom Arbeitsplatz aus, reicht ein Knopfdruck - und sie macht, was du willst!   Ein Männertraum?

Und - kontrollieren, ob Mutter die Fenster geschlossen hat!

Ja, weißte Bescheid!
Komplettüberwachung!!!

Leute - ich bin zu alt für so viel "Neues!"

Ich will meine "Alte" zurück...
Die wusste immer, was ich brauche!!!

Nämlich - kuschelig warm!

Koste es doch, was es wolle...

Aber - mach`s endlich warm!...

Und so was nennt sich Heizung!?
Zefix no amoi...

Unsere Ulme

Wir Kinder nannten sie - "den Regenschirm"...
Nur ein Baum?...
Mitnichten - keineswegs - auf gar keinen Fall!
Ein Freund?
Das trifft`s!
Meine längste Freundschaft!
Oh ja...
Sie steht auf "unserem alten Spielplatz"
Na gut - ich spiele da nicht mehr - und auch sonst keiner.
Ich sitze eher auf der alten bemoosten Bank, die davor steht...
Nein nein –
Nicht so ein Spielplatz mit Schaukel, Sandkiste, Wippe,
Stellen mit Gummibelag, wo gehüpft werden kann,
aus Holz gebaute Schiffe, auf dem die "Größeren"
in der Takelage herum klettern können...
Und mit mindestens einer Mutter pro Kind...
Und zwar solche, die ihre Kinder nicht aus den Augen lassen -
Wie im Hochsicherheitstrakt!
Echt jetzt?
Echt jetzt!

Permanente Unterbrechungen des Spielens durch Rufen

des "Ordnungsdienstes", wie:
"Sofia!
Noahhhh!!!
Hannaaaa!!!
Leeeon!!!
Emiiiilia!!!
Pauuul!!
Emmaaaa!!!...

Wer traut sich da noch dem "Blödmann" neben sich - eins mit der Sandschippe... Na ja, ihr wisst schon...
Es wird viel geweint und zur Mama gerannt -
Und wehe ein Kind probiert mal den "leckeren Sand"...
"Unser Spielplatz" - also, der mit der wunderschönen Ulme und anderen "riesigen Bäumen" - war ein alter Friedhof
Jaaaa! - Iss wahr...
Kein Großer - in diesem konnte man sich nicht verlaufen, oder etwa die Nummer nicht finden.
"Unser" war einer mit einer hohen Mauer drumherum und riesigen Grabsteinen.
Ein Grab hatte sogar einen Zaun, schmiedeeisern, mit ziemlich spitzen Spitzen...
So manches Kleidungsstück trug eindeutige Spuren vom verbotenen "darüber klettern"...

*Nicht, dass wir auf Gräbern getanzt hätten - obwohl...
Im Herbst, wenn das Laub fiel - waren wir - zumindest ein Trupp von uns - "immer vor Ort!"*

Gudrun, Wolfgang, Walter, Reinhard, Monika, Ursula, Edeltraud, Dieter, Iris...

*Riesige raschelnde Laubhaufen - mit einer Menge Krabbeltierchen drin - wurden aufgeschichtet -
Und wieder unter großem Gelächter zerstört -
Und - klar gab`s auch Streit - meistens Jungs gegen Mädchen, aber immer mit Freundinnen an der Seite -
Und keiner Mutter im Nacken - die hatten damals nämlich Wichtigeres zu tun...
Und wir konnten lernen, wie man das macht mit dem "Vertragen", damit man miteinander weiterspielen konnte...
Kompromiss - war das Zauberwort.
Da haben wir gar nicht drüber nachgedacht und auch nicht gewusst, was das bedeutet - haben es einfach gemacht.
Keiner rannte heulend heim zu seiner Mama -
Na gut, manchmal vielleicht schon -
"Petzen" waren nämlich nicht beliebt...
Und - wollten wir nicht auch alle "dazu" gehören?
Brav waren wir auch nicht immer...
Einer zündete mal die Hecke im Sommer an...*

Dieser kam aber nicht gleich in den "Jugendknast" -
Nein, nein...
Standpauke
Entschuldigung
Heckenarbeit... Fertig!
Hat funktioniert!

Und nun zu meiner Freundin, der Ulme -
Dem „Regenschirm"
Der "Mutmacherin"
Der "Fitnesstrainerin"
der "Stolzmacherin" - in Kindertagen!
Damals...

Und - übrigens, meinen "ersten Kuss" bekam ich auch auf diesem "alten Friedhof"... vertrautes Gelände - sozusagen...
Na gut, hatte meine kleine Schwester dabei –
Wegen der Sicherheit! Unvergessen!
Und heute?
Ja heute ist es wieder ein beliebter Treffpunkt der Familie, manchmal mit Kaffee und Kuchen -
Immer mit unseren Fellnasen.
Mütterchen hat ihren Platz im Himmel, das ist klar!
Aber auch bei der Ulme –
So wie schon einige von uns aus der Familie.

Für später...
Und dennoch ein gutes Gefühl, das sag ich euch!
Immer blühte etwas Besonderes auf diesem wundervollen Friedhof - der seinen Namen zu Recht trägt.
Wiesenschaumkraut, Narzissen und die Teufelskralle usw.
Dabei fällt mir ein, immer wenn ich mal alleine sein wollte -
Ich war ungefähr acht - war der alte Friedhof auch –
"Mein Ruheort".
Papier und Bleistift dabei, auf dem Bauch im Gras liegend und den Schatten der Gräser oder Blumen auf dem Papier nachzeichnen. Stundenlang -
Und meine Seele war wieder froh...

Letzten Sommer -
Unsere Ulme trug kein Blatt...
Wir sind besorgt - und traurig...
Doch, wenn ihre Zeit gekommen sein sollte...
Pflanzen wir eine "Neue" - oh ja!

Doch diese Eine - Einzigartige –
Die uns durch alle Zeiten begleitet hat -

Werde ich nie vergessen!

Eigenlob

Eigenlob stinkt!
Also - ich riech' nix -
Ja gut — als ich jung war - da schon…

„Tritt zurück!"
„Nimm dich nicht so wichtig!"
„Setz dich nach hinten -
Am besten mit dem Rücken zur Wand!"
„Sei still!"
„Rede erst, wenn du gefragt wirst!"

Und was ist, wenn keiner fragt?
Oder wenn ich auch mal gerne vorne sitzen will?
Wo man mich (eventuell) - sieht??
Will nicht jeder wahrgenommen, gesehen werden?

Und wie, um Himmelswillen, soll sich denn ein Selbstwertgefühl entwickeln, wenn mir der Mut abhandengekommen ist?
Und - muss ich mich nicht auch ein kleines bisschen mögen, um andere lieben zu können?

Eine kluge Dichterin schrieb:

"Schmücke selbst dir die Seele mit Blumen"...

Undenkbar in jungen Jahren.
Jedenfalls für die meisten von uns.
Und wer will schon stinken??
Ich jedenfalls nicht!
Aber - ich hätte doch so viel zu sagen gehabt...

"Sei still"...
"Nimm dich nicht so wichtig"...
"Rede erst, wenn du gefragt wirst" - usw...
Aber - mich hat keiner gefragt...
Also - blieb ich still.

Mutti hat es doch auch so gemacht,
also konnte es nicht falsch sein!

Nur, warum fühlte es sich so falsch an?

Egal, schließlich will ich "dazu" gehören – Punkt!
Ich blieb still.

Hat lange funktioniert -

In meiner Familie

In meiner ersten Ausbildung
In meiner Ehe
In wichtigen zwischenmenschlichen Beziehungen -
dachte ich...
Und warum sind dann so viele Beziehungen zerbrochen?
War ich zu oft "still",
habe mich zu oft nicht wichtig genommen?

Eine schmerzliche Erkenntnis.

Aber dann - später, als ich lernte zu sagen,
was mir auf der Zunge und Seele lag -

So mit 30, als ich den Führerschein machte
und "mit Herzblut" meine zweite Ausbildung zur Altenpflegerin!
Ganz vorsichtig zunächst, immer darauf bedacht,
niemanden zu kränken usw. -

Ja gut, ich bin auch öfter mal übers Ziel geschossen -
(das muss ja schließlich auch erst gelernt werden)...

Und - ab sofort wollte ich mit meinem vollen Vornamen
angeredet werden...
Na, das hat ja in der Familie fast einen Tsunami ausgelöst!
Eine die immer "still" war - und dann so was?!

Aber Leute...
Eine neue Welt eröffnete sich mir –
Wenn auch so manches Mal beängstigend –
Doch auch so befreiend!
Wunderbar...
Der Mut hat mich ja nie verlassen,
doch ab dieser Zeit habe ich ihn viel öfter eingesetzt!
Nix mehr mit "sei still" – und Konsorten...

Und – ja, es gab einige Menschen in meinem Leben,
die mich begleitet, ermutigt und mir etwas zugetraut haben!

Und "Neuen" kommen dazu!
Auch neue Herausforderungen –
Einfach wunderbar!

So spät? Besser spät als nie!

Und wie alt bist du? Alt genug!

Du traust dich ja was...
Ja!

GOTT SEI DANK

Einer fehlt...

Er ist der Älteste...
Und - unser "großer Bruder"...
Aber irgendwie - war er nicht wirklich da -
Gehörte er nicht auch zu uns?
Seltsam...
Doch, doch, nur -
Er hatte einen schweren Start ins Leben - sagten sie...
Brauchte viel Pflege... sagten sie...
Und weil sein Schwesterchen bereits
auf dem Weg in die Welt war,
wurde er zu Oma Doretchen und Opa Heinrich abkommandiert!
Privileg oder Pech?
Keiner weiß es so genau...
Hat man "früher" eben so gemacht...
Und so manche/r hatte sogar noch Glück, nicht an eine
"Tante verschenkt" worden zu sein -
Nur, weil die keine eigenen Kinder bekommen konnte...
Hat man "früher" eben so gemacht...
Und ER?
Nicht mal ein „eigenes Bett" hatte er bei uns -
Und auch nicht bei den Großeltern -
Vielleicht hat er sich ja bei seinem lieben Opa angekuschelt?
Mit Doretchen im Nacken...

Eijeijeijeijei...
Den Schulranzen - achtlos hingeworfen - oder die Klamotten -
So wie es alle Kinder tun...
Nix!
Nada!
Nothing!
Das treibt mich heute, beim Stöbern in der Vergangenheit
ziemlich um -
Nur manchmal -
Eher selten -
War er über Nacht da -
Bei "seiner Familie" -
Die - auf der anderen Seite der Straße...
Und - meine Güte -
Wo hatte er denn da bloß geschlafen...
War er etwa eine Fata Morgana?
JEDER -
Jeder Mensch - auch Tiere - und besonders ein Kind –
Braucht doch sein "eigenes Bett!"
Den oft einzigen Rückzugsort!

HERRSCHAFTSZEITEN!

Im Sommer soll er auf unserem wundervollen,
herrlich duftenden Heuboden geschlafen haben ...

zwischen
1 Mio. Kätzchen...
2 Mio. Mäuschen...
5 Mio. Spinnchen...
Igitt, Igitt, Igitt, Igitt...
Er war nicht nur klug - nein, nein -
Er war auch furchtlos - mutig und fürsorglich -
Vor allem dem "kleinen Bruder" gegenüber -
So sagt dieser -
Ein großer Bruder eben...
Und - das weiß ich erst heute...
Er hatte - später - eine "Schlafstelle"
bei den Nachbarn... so ähnlich, wie die Obdachlosen?
Oder die Nomaden etwa?

LIEBER GOTT...

Der Gedanke daran macht mich fassungslos...
Wieso weiß ich bloß nichts mehr davon?
Also war er doch ab und zu bei "uns"...
Und das war schön, aber auch seltsam -
Wegen dem Ab und Zu - und traurig...
Es wurde eben nicht geredet und schon gar nicht gefragt -
"Außerdem war kein Platz für ihn!" -
Wie immer wieder beteuert wurde...

Damals - als ich noch nicht verstand...
Er wohnte "drüben",
sozusagen - gegenüber - bei Oma und Opa.
Und wir, seine Geschwister - und seine Eltern -
Waren somit immer in seinem Blickfeld -
Wie hält man das nur aus?
Er muss eine Strategie gehabt haben!
Unser großer Bruder...
Nur so - kann ich es mir (heute) erklären...
Oma Doretchen hatte "Ihre Männer"
fest im Griff.
Und die gesamten "Nachbarschaftsmänner" ebenfalls!
Und sowieso ALLE - irgendwie...
Oft stand sie bis in die Nacht,
im Dunkeln - am Fenster -
Ob sie auch nicht schlafen konnte, so wie ich - heute? -
Und dann - keinerlei Ablenkung durch -
Laptop - Handy - Whats App...
Dafür wusste sie genau, wann "Jeder-mann" nach Hause kam
und - wie viel getrunken wurde...
Jaha - ihr entging so leicht nichts...
Und manchmal, da riefen die fröhlichen "Zecher" -
"Doretchen, wir sind zu Hause -
Du kannst jetzt schlafen gehen!"...
Sie hatte oft Migräne - unser "armes Doretchen"...

Es ist eben auch sehr anstrengend,
immer die Kontrolle über Alles haben zu müssen...
"Ihre beiden Männer" waren sehr oft - seeehr oft -
im Garten - seeeeeehr oft...
Allerdings bei Festen, wie z.B. Weihnachten, Ostern
oder den sonntäglichen Spaziergängen nach "Kramers" -
Da war er auch dabei - und wir waren komplett...
Und das war schön!
So richtig wahrgenommen habe ich ihn als
unseren "großen Bruder" allerdings nicht.
Aber einmal - oder auch öfter, da war er furchtlos,
klug und mutig -
Na ja, klug waren wir auch - und mutig - sowieso –
Aber in Mathe?
Er hatte es wirklich versucht - uns Mädels
das Mysterium der Zahlen beizubringen...
Wie ein echter Lehrer - es gab kein Entrinnen...
Für ihn allerdings auch nicht...
Wenn Mutti ihn rief, war er zur Stelle,
um die "Herkulesaufgabe" zu vollbringen!
Oh ja!

Das muss wohl so eine "Vorübung" dafür gewesen sein,
auch mal den Klassenunterricht für seinen Lehrer zu
übernehmen...

Respekt!
Ansonsten kannte ich ihn eher still, klug, scheu –
Und ich glaube - auch sehr brav.
Was blieb ihm auch übrig...
Nur einmal vertraute mir seine gleichaltrige Mitbewohnerin und
meine damalige Freundin mit,
dass unser "großer Bruder" ihr zeigte -
Dass man ja gar nicht IMMER die Wahrheit sagen müsste -
Und durchaus besser dabei wegkommen konnte...
Ich glaube ER - hat die "Notlüge" erfunden...
Bei so vielen Kontrollinstanzen im Haus
Überlebenswichtig!!
Doch da gibt es auch ein Beweis-Foto für "Gemeinsamkeiten" -
Wir Vier - nach Alter sortiert –
unter einem blühenden Heckenrosenstrauch...
Allesamt brav - was sonst -
Auf dem Weg zur Waldgaststätte...
Und das war schön!
Doch, wenn Papa zum kleinen Bruder
und zur fortgeschrittenen Stunde sagte:
"Bubi, geh mal nach Hause und sag Mutti, ich komme gleich"...
Dann wussten wir Kinder Bescheid...
Mutti würde traurig sein...
Ich erinnere mich auch an gemütliches "Gruppenkraulen" im
Ehebett der Eltern -

Und er, der große Bruder, war auch dabei.
Keine Sorge, Papa war auf Montage - der Platz war frei...
Als wir Kinder abends ins Bett mussten -
Haben wir uns alle zu einer Seite gedreht - und jeder hat den
Rücken seines "Vordermannes" gekrault -
Dann "alle Mann" - Drehung zur anderen Seite -
Gleiches Prozedere...
Und das war schön!
Doch - auch von "schlagkräftigen"
oder gar lebensgefährlichen Begebenheiten
blieb er nicht verschont -
Unser großer Bruder...
Bei mir ist der alte Zorn darüber
auch heute immer noch da!
Und ich bin traurig, dass ihn damals niemand beschützt hat.
Doch auch dafür hatte er anscheinend ein Konzept -
Was sonst...
Er hatte Null Probleme,
Kontakt zu anderen Menschen aufzunehmen -
Ohne dabei in tiefere Beziehung zu treten - wohlgemerkt!
War oft in der "hauseigenen" Schreinerei mit Opa,
bei den Arbeitern anzutreffen.
Einmal musste er den abgesägten Finger vom Opa
in den Sägespänen suchen...
Das war wohl das Ende, eventuell diesen Beruf zu erlernen...

(also - nicht wirklich)...
Denn er wollte ja in die große weite Welt -
Um vielleicht dort eine "innere Heimat" zu finden?
War das etwa sein Konzept?... weil's schützt!
Vor Schmerz und Enttäuschung?"
Seufz!
Dann, irgendwann - war Konfirmation...
HALLELUJA!
Während unser Cousin im flotten Anzug,
extra spitzen Schuhen - (damals sehr modern) -
Und einer "Tolle" wie Elvis -
Hinter den Mädchen her sah -
Sauste unser (kleiner) großer Bruder mit einem Holzroller laut scheppernd an uns vorbei...
Ja, der Kopf war längst soweit - also er war klug!
Der Rest hinkte noch etwas hinterher...
Spätzünder eben...
2 Jahre später, war der "Rest auch soweit!"
Und wie!
Er wollte in die Schweiz
"Mit dem Fahrrad über die Alpen"...
Zum Schreinermeister - Opa`s Lehrherrn -
Der inzwischen so um die Hundert sein musste -
Alleine!
Himmel...

*Dabei wusste dieses "Pubertier" bis dahin doch noch gar nicht,
in welcher Reihenfolge man seine Kleidung anzog,
wie ich aus sicherer Quelle erfuhr...
Das hatte Doretchen doch immer gemacht...
Und jetzt? So plötzlich - erwachsen?
HERRSCHAFTSZEITEN!
Da hat er es uns allen aber gezeigt!
Stand er nicht auch gestern noch an der Straße und schrieb
die Kennzeichen der vorbeifahrenden Autos auf?
Und konnte uns dann immer sagen,
aus welcher Stadt sie kamen?
Seinem phänomenalen Zahlen- und Datengedächtnis entging
auch KEIN Geburtstag -
Oder auch andere wichtige Ereignisse - alles gespeichert -
Von der nahen und auch entfernteren Familie...
Und manchmal auch von „Berühmtheiten"...
Ja, weißte Bescheid!
Gut, dass er uns immer mal wieder erinnert hat...
Drei Ehefrauen
Zwei Kinder
Mehrerer Hunde
Viele hunderttausende Kilometer
und Begegnungen mit vielen interessanten Menschen -
Und "Berufungen" später...*

*Kann er da nicht auch in das hoffnungsfrohe Lied der
italienischen Sängerin "Milva" mit einstimmen:
"Hurra, wir leben noch -
Was konnten wir nicht alles übersteh'n und leben noch"...
Und - JA -
"Es gibt erfülltes Leben -
Trotz vieler unerwünschter Wünsche".*

Mit Gottes Hilfe

In schwesterlicher Verbundenheit...

Hallo Einkaufswagen

Du warst nie mein Freund -
Oder gar meine erste Wahl beim Einkauf...
Nein, nein...

Ich bevorzugte den Korb, den ich mir an den Arm hängen
konnte und wusste -
Viel wird's nicht,
bin gleich wieder draußen!

War nie leicht zu verführen -
Schnickschnack zu kaufen –
Oder gar was „Neues" zu probieren -

Gut, ab und zu warst du dran
wenn Schweres zu transportieren war...

Fand dich nicht komfortabel -
Immer aufzupassen, nicht im Wege zu stehen -
Niemanden anrempeln...

Und nun?
Bin ich gezwungen dich zu benutzen...

Um Abstand zu wahren...
Na klar, muss sein - in diesen Zeiten...

Zwei Orangen,
500 Gramm Sonnenblumenkerne,
eine Zitrone,
ein Tütchen Knoblauchpfeffer
und ein kleines Brot...

Liegen nun im großen Einkaufswagen...
Ich muss schmunzeln...

Doch wie sagt man?
Wat mutt, dat mutt...

Aber dann, schnell heim.

Lina - du "Herzenshimmelshund" –
Ich komme... und dann –

Ab in den Schnee!!!

Juchhe...

Haiku

Zurückweisungen

sind so unendlich schmerzhaft.

Verwandlung möglich?

Haiku

Harry Stile singt gerade:

"Es ist nicht mehr, wie es war"...

Nichts Neues also!

Hanna

Endlichkeit...
Wieder mal präsent.

Nicht plötzlich und ohne Vorwarnung
aber dennoch...

In der schönsten Jahreszeit -
Wo doch eigentlich alles neu beginnt -
In schönsten Farben - lauesten Lüften -
Verheißungsvollstem Licht -
Und mit so viel Energie...

Endlichkeit?
Wie unpassend -

Außerdem oft kommentiert,
mit allbekannten „Weisheiten"... wie - alles hat seine Zeit...

Hatte sie nicht ein langes vielleicht sogar auch gutes Leben? ...
Die Familie war doch auch immer an ihrer Seite...

Genoss sie nicht Wertschätzung und Respekt? –

*Und konnte sie nicht lange Zeit ihres Lebens
selbständig sein?*

Sie wurde geliebt.

Das ist doch was! Das ist mehr als die meisten haben...

Stimmt! ...

Aber - tröstet es auch?

Nicht gleich -

*Doch dann - später – und wenn man die guten und schweren
Erinnerungen teilen kann...*

*Gott sei Dank -
Dann - ja! Dann spüre ich Trost.*

*Ich finde eine von ihr liebevoll
handgeschriebene Weihnachtskarte -*

Ich fühle mich getröstet und verbunden –

Für immer

Heimatlos

Beziehungslos - Bindungslos
Hoffnungslos - endlos?
Ist das sein Los?

Ist der Himmel nicht überall blau?...
Ja gut - nicht immer...

Doch wie - um Himmels Willen - geht man mit so vielen
schmerzlichen Verlusten um -
Und hat immer wieder Hoffnung...

"Der Mensch in dir muss Heimat finden"...
Wenn`s doch nur so einfach wäre...

Auf einem Auto ist ein Aufkleber mit der Botschaft:
"Heimat ist da, wo Menschen sind, die wir lieben."

Und was ist, wenn die Menschen, die man liebt,
in einem fernen Land leben?

Da steht er nun, am Fenster
und winkt freundlich grüßend.

Ein Fremder - Ein Suchender?
Vielleicht...
Doch ganz sicher - ein Mutiger!
Hat er denn auch das "Rüstzeug" für so viel "Neues?"

Aber JA:
Authentisches Auftreten - Offenheit -
Hilfsbereitschaft - Humor!
Angemessene Zurückhaltung
Hat vor "NICHTS" Angst - sagt er...

Die Bereitschaft sich integrieren zu wollen!
Und - nicht zuletzt
haben wir hier einen - Romantiker - sagt er -

Ja gut, Romantik wird jetzt nicht direkt mit der Arbeitssuche
in Verbindung gebracht - obwohl...
Als Schauspieler oder Dichter?...

Doch da gibt es ja auch noch die "Anderen"- die sagen...
"Da müssen sich doch Andere drum kümmern" -
"Da gibt es Profis für" - sagen sie...
"Häng dich da nicht so rein" - sagen sie...
"Pass bloß auf dich auf" - sagen sie...
"Du kennst ihn doch gar nicht" - sagen sie...

"Kommt er nicht aus einer fremden Kultur?" - sagen sie...
"Geht mich nix an" - sagen sie...
"Da misch ich mich nicht ein" - sagen sie...
"Du kannst den Menschen doch nur vor den Kopf gucken!"
"Wer weiß schon, was er wirklich denkt" - sagen sie...

"Herrschaftszeiten"...
Würde der Bayer jetzt sagen...

Oder vielleicht doch ernst zu nehmende Worte?
Aber - was ist denn mit Vertrauen?
Und - sind es nicht auch, oder gerade die kleinen Dinge,
die uns Wertschätzung, Achtung,
Mitgefühl und Vertrauen entgegenbringen?
Das braucht doch schließlich jeder Mensch!
Oder etwa nicht?...

Ein Spaziergang in der "fremden neuen Umgebung",
zum Beispiel.
Eine Einladung zum Kaffee oder Essen,
mit der "fremden Gast-Familie" –
Unterstützung bei Sprach - oder sonstigen Barrieren...

Kann das "Fremde" -
dann nicht für uns alle integriert werden?

Und da gibt es noch die Sprach - App...
Und die macht echt sprachlos...
Die übersetzt manchmal Worte,
die so nie gesagt wurden!
Also, wer keinen Humor hat,
sollte sie besser nicht anwenden...
Aber als "Übergangslösung" ist sie - und bleibt -
"DIE" - maschinelle "Verbindung" -
Zwischen den Welten und Menschen...

Und dennoch...
Beziehungslos – bindungslos – hoffnungslos
und das endlos?

Aber nein!
Nicht, wenn wir den Vorurteilen, den Ängsten,
und besonders „der Meinung anderer Leute" –
Keine Macht über uns geben!

Und es wird wieder mal klar -
Dass "immer Gültige"...
"As It Was"
"Nichts bleibt, wie es war"
Ein melancholisches Liebeslied von Harry Styles...
Es erzählt davon, dass sich alles verändern wird.

*Und wir müssen damit umgehen lernen,
um weiter zu wachsen und
um uns entfalten zu können.*

*Denn eines lernt doch so ein
Heimatloser Suchender und Mutiger –
Sich anzupassen.
Okay, nicht leicht -
Und gelingt vielleicht auch nicht immer...*

*Doch wie recht Harry Stiles hat - in seinem Text...
"AS It Was"...
"Nichts bleibt, wie es war"...*

*Na gut - bis auf Sonnenauf- und Untergänge
Frühling, Sommer, Herbst und Winter -
Das bleibt -
Ganz sicher!...*

*Und wo bitte kommen jetzt
bei diesem Spaziergang in der wundervollen Natur
die imaginären Schmetterlinge her?
Die sind doch noch gar nicht dran???
Sie tauchen immer mal wieder und völlig überraschend auf!
Aber ja... meine Güte -*

Jetzt weiß ich es wieder…

Frühling, es ist doch Frühling -
Auf den kann man sich verlassen!
Wie konnte ich das nur vergessen…
Und das ist schön
Selbst für so eine "Alte" -
Ist`s Frühling -

Zitat einer 102-Jährigen
"Alter ist nur eine Zahl"…
Okay - eine Zahl ist es auch… und -
"Man muss eben mit allem rechnen!"
Auch mit dem "Guten!"

Trost
Einen brauchst du auf dieser Welt,
der mit dir weint und lacht,
einen, der unbeirrt zu dir hält,
der deine Probleme zu den seinen macht.
Einen, der deine Träume kennt,
dir deine Schwächen vergibt,
einen, der dich beim Namen nennt
und froh ist, dass es dich gibt.
Einen, der dich in die Arme nimmt,

*wenn eine Hoffnung zerbricht,
einen, der deine Saiten stimmt.*

Einen brauchst du als Licht
(Emmy Grund)

**Und wie gut, dass Gott
immer an unserer Seite ist.**

Johanna

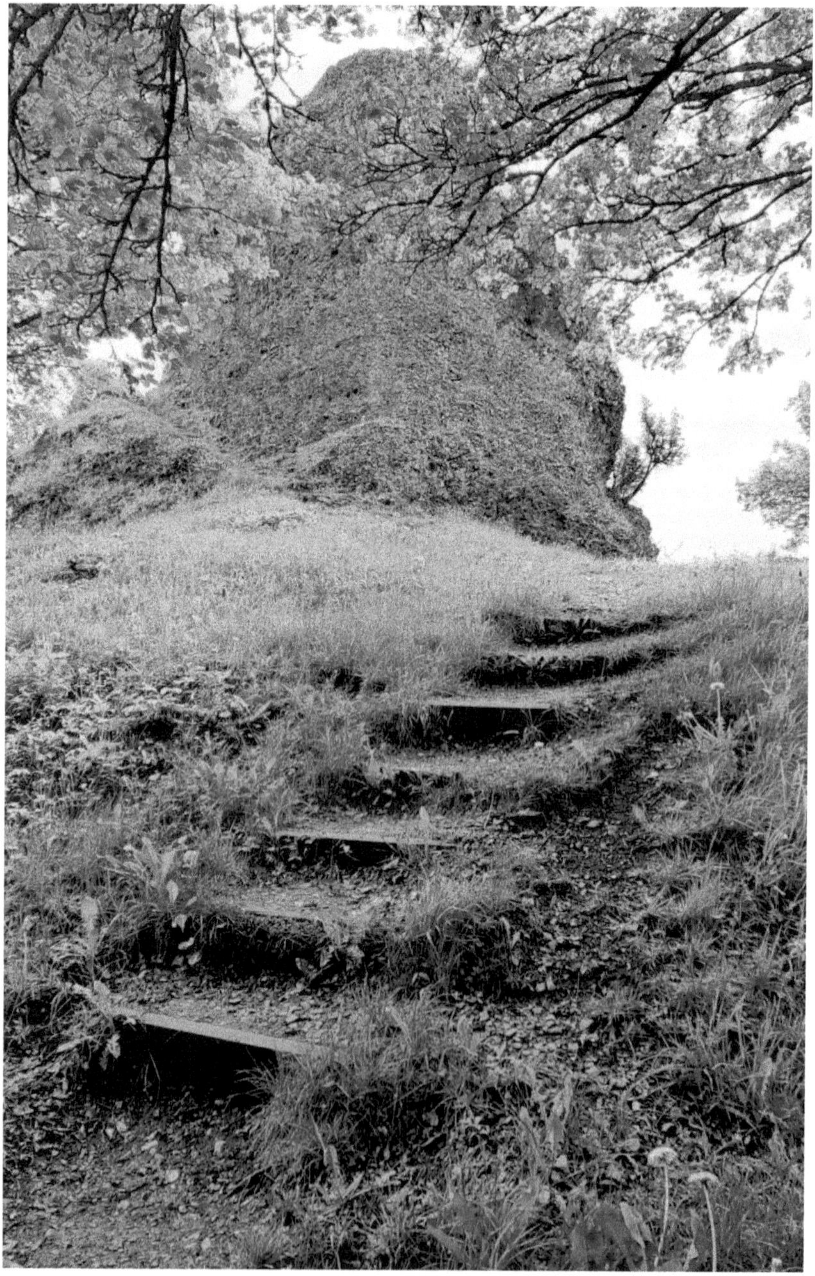

Himmelsleiter

Wohin führt so eine Himmelsleiter?

Na, himmelwärts – wohin sonst...
Da, wo wir alle mal hin wollen...
Na gut, vermutlich nicht alle...

Ist sie doch die Verbindung zwischen Himmel und Erde -
Da, wo Himmel und Erde sich berühren...
Was für eine himmlische Vorstellung!

Im Märchen unserer Fantasie oder Vorstellung
ist eben alles möglich!
Eventuell – auch der Himmel auf Erden?

Vielleicht sind wir dann „federleicht?..."
Na klar...
Wie sonst käme man die Sprossen hoch
mit Artrose, Höhenangst, Schwindel, Übergewicht,
Polyneuropathie...

Ich nehme an, wer da hoch darf, dem wachsen Flügel... genau!
Imaginäre...

*Vielleicht hat jede Sprosse eine Bedeutung,
die erst erlebt, verstanden und vergeben sein muss –
Um dem Himmel näher kommen zu können...*

*Gibt es da etwa noch andere Bedingungen,
die man erfüllen muss -
Auf dem Weg nach oben
wenn's zu anstrengend wird,
die Angst sich anschleicht
oder man es sich gar anders überlegt hat?*

Klettert man dann einfach wieder zurück?

Wäre das nicht eine Menge Gerangel auf den Sprossen?

In einem Lied heißt es: "Der Himmel ist hier..."

Von wegen!

Ok, manchmal - vielleicht - ein bisschen...

Reinhard Mey singt:

*„Über den Wolken muss die Freiheit wohl grenzenlos sein.
Alle Ängste alle Sorgen sagt man,*

bleiben darunter verborgen und dann
würde, was uns groß und wichtig erscheint
plötzlich nichtig und klein..."

Und da gab es noch Jakob -
Jakob hat sie gesehen!
Engel, die auf der Himmelsleiter auf und abstiegen.

Na, wenn das nichts zum Freuen ist und Hoffnung macht...

Also - wagen wir es?!

Aber ja -

Mit Gottes Hilfe

In diesen Zeiten

Begrenzungen – nicht, dass ich sie mir so gewünscht hätte...
Sie haben vieles, auch traditionelles in dieser Zeit verhindert
oder reduziert.

Begegnungen, Einkäufe, Geschenke, Hausputz...
Hausputz?
Ja, auch. Kam ja kein Besuch...

Und dennoch -
Keinen Mangel gespürt.

Im Gegenteil!

Zeit für mich!
Zeit für Gelassenheit,
innere Ruhe und Dankbarkeit!

Spaziergänge mit meinem Hund,
Zeit zum Schreiben – wunderbar!

Nur Essen oder Schmausen, hatte ich nicht begrenzt!
Zwei Kilo mehr - was soll's...

Doch –

*Keine Besuche, keine Gespräche -
Wo ich meinem Gegenüber in die Augen sehen kann,
das fehlte mir dann irgendwann doch!*

*Habe Wege gefunden, die Verbindung zu halten -
Anders zwar – aber dennoch!
Verbindung!*

Zusammenhalt und Harmonie - gespürt!

Bald werden wir uns wieder umarmen!

Bin guter Hoffnung!

Gott sei Dank

Jahresausblick 2021

Vertrauen - Hoffnung - Zuversicht

In Gott, in die Menschen - in viele - nicht in alle...
in die Natur!
Vertrauen, Hoffnung, Zuversicht hat dich in diesem Jahr bei so manchem Schweren begleitet,
es dich ertragen und überstehen lassen.

In diesen Zeiten?
Aber ja! Sagtest du...

Ein Geschenk, sagtest du...

Nicht, dass du den Schrecken um dich herum nicht bemerktest, oder sehen wolltest -
Hat dich so manches Mal zum Weinen gebracht...

Und dennoch!
Gutes und Schönes drängelten sich immer wieder vor. So wie dein Herzenshimmelshund, neben all dem anderen Guten, war er immer bereit, dich zu trösten oder dein Herz zu erfreuen.

*So einfach lässt sich deine Zuversicht
nicht in die Flucht schlagen!*

Gott sei Dank!

*Dein Radius ist in diesem Jahr deutlich kleiner geworden -
Räumlich gesehen...
Konntest Neues für dich und andere finden.*

*Und – nicht selten - hatte dir die
„verordnete Zurückhaltung" mehr innere Ruhe, Sinnfindung
und Kreativität geschenkt.*

*Und dann die Natur... sie hatte allen,
der ganzen Welt - gezeigt - wo`s langgeht!*

*Im Guten, wie im Schlechten...
Und uns manchmal damit zum Staunen gebracht.
Wie unglaublich schnell sie anfing sich zu erholen...
Nicht überall - ganz klar!*

*Bringst monatlich „deinen Alten" ein kleines Sträußchen
mit einer Karte vorbei. Mit guten Wünschen
und dass du sie nicht vergessen hast...*

Meist, nur sehr selten kommt ein Dank

Du weißt auch so, dass sie sich freuen.
Das reicht dir.
Soll zu einer festen Gewohnheit werden,
sagtest du.

Und dann... schon lange gewollt, vorgehabt, davon geredet,
immer mal wieder - bist du Vegetarierin geworden!

Der Himmel bricht auf zu anderen Farben
Vertrauen - Hoffnung - Zuversicht

Ein Geschenk – Gott sei Dank!

Kaschperletheater

" Tri -Tra -Trullala - der Kaschperle, der ist wieder da"...
So hieß das früher, als ich Kind war -
Ich war dann sehr aufgeregt -

Freute mich unbändig
und besonders, wenn er die Bösewichte verkloppte,
der Kaschperl...

Und heute - Tri -Tra -Trullala -
"Trulicity "- es ist nicht da!

Tja, so heißt das neue Medikament -
Ohne das ich nicht gut leben kann...
Und hört sich doch so ein kleines bisschen wie
"Tri - Tra - Trullala" an...
Oder etwa nicht?

Als Betroffene von diesem Medikamentenmangel -
würde ich auch gerne mal einen Verantwortlichen "verkloppen!"

Gestern war`s fast soweit...

Doch - unser Mütterchen hat uns einfach zu gut erzogen...

Seufz!

Aber heute, heute könnte es klappen!
Das mit dem Verkloppen...

Mein Blutdruck hätte jetzt die richtige Höhe!

Nur, wie komme ich an die "Bösewichte"
und wer sind die überhaupt?
Nicht, dass ich die Falschen erwische...

Da bedaure ich jetzt schon den
"armen Versicherungsvertreter"...
der mir gleich gegenüber sitzen wird...
Was er nämlich noch nicht weiß -

Ich hab' meine Boxhandschuhe schon an!
Und den "Falschen" wird's schon nicht erwischen...

"HERRSCHAFTSZEITEN!"

Jammern auf "hohem Niveau?"
Ja gut - aber wenn ich's doch immer so gewohnt war -

Arzt! - Apotheke! - Medikament!

ZEITNAH!!!!

Und jetzt?

Stundenlanges telefonieren mit allen Apotheken der Umgebung,
nach "meinem Medikament!"...

Um auf den "letzten Drücker"
doch noch ein paar Spitzen zu ergattern...
und das meist erfolglos...

Was machen eigentlich die, die keinen Laptop haben?
Oder - nicht mal ein Handy...
Kein Auto mehr...
Keine – oder keine Kinder in der Nähe - wenig Rente...

Ist das etwa - "sozialverträgliche Entsorgung"
von uns "Alten?"

Lieber Gott!...

Eine Bekannte hörte eine Sprechstundenhilfe zu einer betagten
Frau sagen - wohlgemerkt eine,
die sich kaum noch auf den Beinen halten konnte,
wegen langer Wartezeit, kein freier Stuhl in Sicht...

"Dann müssen Sie das eben lernen!"

JA, GEHT'S NOCH?   Gefühlloser??

Und – Leute...
ALLES lässt sich doch auch nicht mit Überforderung
entschuldigen! Oder?

HERRSCHAFTSZEITEN!

"Herr lass' Hirn vom Himmel regnen
und nimm den Bedürftigen die Schirme weg!"

Na, da hat ER ja mal wieder viel zu tun.
Ist ja Kummer mit seinen Schäfchen gewöhnt...

SEUFZ...

Leere Räume

Gerade singt Lena…
Erinnerungen – wir lassen sie gehen, gehen, gehen…
Wir wandern irgendwo hin
Wo wir sein können wie wir sind –
wo grad alles wieder stimmt…

Dachboden, Wohnung – aufgeräumt – vorletztes Jahr schon.
Wozu Schlaflosigkeit doch auch gut sein kann…
Es ist licht und leichter geworden –
Nicht nur in den Räumlichkeiten…

Wir haben oft übers „Ausmisten" geredet,
meine Freundin und ich.
Immer wieder verschoben.
Wir kamen einfach nicht ins Handeln.

Am Ende hat es ihre Tochter übernommen,
das Aufräumen.
Vom Bett aus gab sie ihre Anweisungen.

Es waren intensive Mutter- und Tochtererinnerungen,
Auseinandersetzungen und – ein sehr schmerzliches
und dennoch friedliches Loslassen.

Bei mir war da noch der Keller...
Es grauste mir etwas...

Alles, aber auch Alles –
Nochmal in die Hand genommen -
manchmal ans Herz gedrückt -
Manchmal ein Tränchen verdrückt...
Die Zeit, das Gefühl und die Verbundenheit wertgeschätzt
und endlich losgelassen.

Besonders schwer – das kleine Zelluloidpüppchen,
dem unser Mütterchen Engelshaar mit einem Haarreif
mit Stern verpasst hatte,
dass ein aus Goldpapier akkurat, gefaltetes Kleid trug,
ein Täschchen am Arm und eine klitzekleine Kerze
in der Hand hielt.

Oh ja, sie war nicht nur eine Dichterin!

Seit meiner Kindheit stand es in der Weihnachtszeit
immer an seinem Platz.
Auch noch im Altenheim.

Sieht nun sehr verschlissen aus – das Engelchen -
Alles hat eben seine Zeit -

*Und dennoch -
Nicht leicht...*

Vieles konnte ich verschenken.

War mir Trost und Erleichterung

Mein Freund

Inzwischen – ein guter Freund – oh ja!...
Verlässlich, hilfreich, interessant...
Obwohl wir uns noch nicht lange kennen,
sind wir uns doch sehr nahe...

Was macht eine Freundschaft eigentlich aus?

Vertrauen, Vergebung, Bewunderung...

Und – vor allem - Freunde stehen IMMER in Kontakt...
Erstaunlicherweise

Nix Neues also...

Das mit dem Vertrauen hat sich schnell entwickelt...
Meine Bewunderung gilt dir ja auch von Anfang an!

Für deine Vielseitigkeit, deine Kontaktfreudigkeit, den vielen
neuen Möglichkeiten, die sich mir plötzlich eröffnen...

Aber dann – gänzlich unerwartet – war unser Kontakt
unterbrochen...

Dabei wurde ich von Anderen schon früh gewarnt...

Vor Unzuverlässigkeit und dass es auch lästig sei könnte.

*Dass man sich im Alter doch auch nur
ungern an Neues gewöhnt...*

Blah, blah, blah...

*Na klar, kenne ich sie auch
„solche Freundschaften"...*

*„Der abgerissene Strick
kann wieder geknotet werden
Er hält wieder,
aber er ist zerrissen."*
(Berthold Brecht)

Ein kluger Mann!

*Vertrauensverlust ist eben eine heikle Sache...
Die sehr an Herz und Seele nagen kann.*

*7 Jahre hält jede zweite Freundschaft,
neue Freundschaften füllen die Lücke - sagt man -*

*Na klar... weiß ich doch! -
Inzwischen hab' ich allerdings mehr Freunde verloren,
als Neue dazu gewonnen...*

Aber bei dir... sollte die Freundschaft doch ewig dauern!

Und dann das!...

Nach einem halben Jahr – verlässt du mich??

*Nachdem ich mich so an dich gewöhnt habe,
dich gepflegt habe...
Manchmal sogar mit dir ins Bett ging,
oder gar unter die Dusche...*

Ohne dich keinen Tag mehr sein wollte...

*Ohne Ankündigung –
Einfach so bist du plötzlich nicht mehr da...
Dein Verlust trifft mich hart!
Suche nach dir – lange – akribisch – verzweifelt!*

*Wo bist du nur?
Kann nicht aufhören dich zu suchen...*

Und dann sehe ich dich...
Stehe fassungslos vor dir –
Traue meinen Augen kaum –
Liegst eingekuschelt zwischen buntem Herbstlaub,
kaum zu erkennen...

Sehe glücklich nach oben...
Lieber Gott – DANKE!

„Und - lieber Gott - vergib mir, dass ich den
„Heiligen Antonius", der beim „Wiederfinden" hilfreich sein soll,
kurzfristig und auch nur geringfügig(!) eingestellt hatte"...

Glück hat eben viele Gesichter...

„Du kleiner Mann" – in meinem Ohr!

SILBERMOND: „Leichtes Gepäck"

Wie ein Mantra – der Text, die Melodie...
Eindringlich und beschwörend...
Leichtfüßig und ermutigend.

Es braucht immer einen inneren Anlass
um ins Handeln zu kommen -
Für mich...
Etwas zu „besitzen" kann auch Sicherheit bedeuten.
Oder etwa nicht?
Liebgewonnenes -
Geschirr für zwölf Personen...
Verbunden mit Erinnerungen...

Weggeben, verschenken, gar wegwerfen?

Und wenn ich es doch noch gebrauchen würde?
Oder mein Enkel, der bald ausziehen will?
Sind so viele gute Sachen dabei...

Auf den ersten Blick – vielleicht...

Aber dann – irgendwann fing ich an...

Mitten in der Nacht – alles in Kisten zu packen -

*Es gab einen Anlass,
um es dann doch in den Keller zu stellen...*

*Ist zwei Jahre her...
Letzte Woche alles weggegeben – verschenkt, entsorgt...
Ha!
Geschafft!
Eine gute Übung -
Für den geplanten Umzug ins „Betreute Wohnen!"
Ok, nicht gleich - auch dafür wird es einen Anlass brauchen...*

*Und der Gasmann sagte: "So einen aufgeräumten Keller hätte
er schon lange nicht mehr gesehen!"*

*Na also! Alles richtig gemacht!
Vorerst...*

Fühle mich innerlich auch „aufgeräumter"...

Und dann ist da noch eine „offene Rechnung"...

*Ich weiß nicht, ob diese Rechnung beglichen werden kann.
Auf jeden Fall ist es keine, die ich wegwerfen kann!*

Ob ich mich traue, ob ich es wage...

Vergebung, ja Vergebung wäre gut!
Und wenn sie gelingt, mir gelingt...
dann reise ich ab sofort -

Mit wesentlich leichterem Gepäck!

Oh ja!

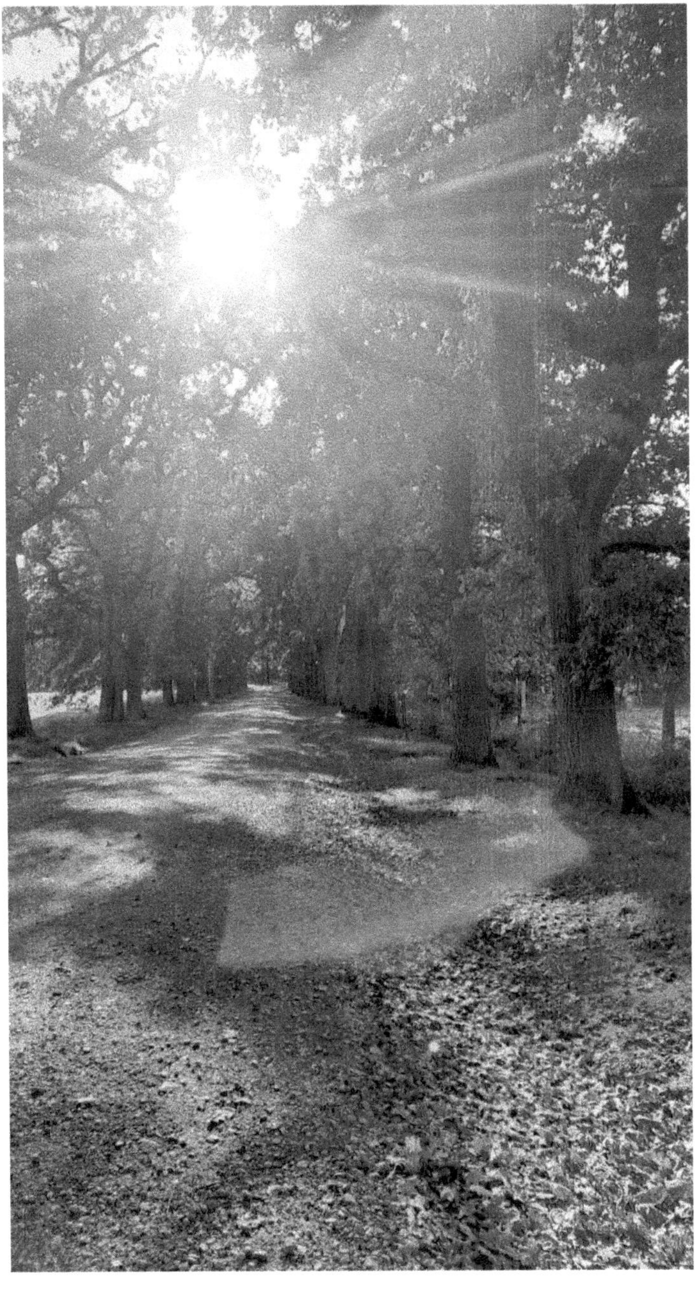

Nein, nein...

Das glaub ich jetzt nicht -

Was sind denn das für seltsame
und dennoch auch vertraute Gefühle?
Die gehören doch da nicht mehr hin!!
Verflixt!
Könnte ja glatt einen Herzschlag kriegen...
Weil das mit dem Klappen
eben auch nicht mehr so recht klappt...

Und wieso sind da überall Schmetterlinge -
Wo doch sonst nur der Hunger sitzt?
Verflixt!
Wie... in meinem Alter?

Ja, aber wisst ihr es denn nicht?
Die Gefühle werden nicht alt -
Ganz im Gegenteil!

Und ja -
Sie fehlen mir schon - manchmal...
Die interessierten Blicke...
das besondere Lächeln -

*Ich verstehe jetzt auch endlich, warum sich alte Männer
junge Frauen suchen -*

*Und meist eben nicht die im "Herzen Jungen" -
Zum Beispiel uns, die gleichaltrigen Weiber...*

Ich verstehe sie endlich!

*Habe jetzt einen jungen Hund...
das ist vergleichbar -*

*Doch, doch...
Aber auch anstrengend -
Doch, doch...*

*Schließlich kann ich nicht mehr so schnell rennen
und wenn überhaupt - schnaufe ich wie ein Walross...
Wenn ich Stöckchen werfe für meinen Hund
tut mir die Schulter weh -
Und wehe, es steht keine Bank in der Nähe -
Oder gar ein Busch...*

*Auch wenn ich immer wieder - von meinem Hund zum Spielen
aufgefordert werde -
Manchmal mitten in der Nacht -*

Und mich dann vom Sofa rollen muss -
Wegen der morschen Gelenke...

Oder von der Schaukel im Garten,
die dann in die Kniekehlen haut, dass es nur so kracht...

Sind da dennoch überwiegend Glücksgefühle...
Mit meiner Hündin -

Bei Männern, na ja...
Obwohl, bei manchen schon oder zumindest am Anfang...

Wie kriege ich jetzt nur die Kurve, zu den Schmetterlingen?...
Und - was wollte ich eigentlich sagen?...

Noch ein Vorteil, wenn sich alte Weiber Hunde anschaffen...
Vergesslichkeit ist für meine Hündin kein Thema -
Versucht's halt immer wieder.
Und das ganz ohne „Mullen und Knullen!"

Ah, jetzt weiß ich's wieder...
Die Begegnung im Park, die mit den Schmetterlingen...

Tat so gut!!!

So viel Wertschätzung,
Beachtung,
Interesse...
Dazu lachende Augen,
Präsenz,
Witz,
Humor

Und schöne Haare...

Eine geballte Ladung positiver Energie - sozusagen...

Ist Wochen her, die Begegnung im Park...
Ich denke noch immer oft und gerne daran.

Und - schwirren da nicht ein paar Schmetterlinge
um mich herum?...

Wird der Hunger sein − Seufz!

Oh - mein - Gott

Venedig

Der Sänger Hartmut Engler der Gruppe "Pur" singt -
"Komm mit ins Abenteuerland",
und so, genauso fühlt es sich an...
So lange schon mein Sehnsuchtsort - oh ja...
Aber - darf ich denn überhaupt dahin?

Ich dachte immer, es zieht nur "Verliebte" dahin...
Von wegen –
Ich musste meine "Große Liebe" ja zu Hause lassen -
Weil die mit Fell waren nicht erlaubt...

Im Herbst, wenn die "Jungen" längst wieder arbeiten müssen,
dann kommen wir -
Ihr wisst schon - die Alten -
Die mit den Rollatoren,
den Stützstrümpfen,
der Blasenschwäche,
den Kohletabletten und
die extra Unterwäsche!

Weißte Bescheid!

Meine liebe Freundin sitzt nun neben mir.
Bin froh, dass sie „ja" gesagt hat.
Bei ihr muss ich auch keine Sorge haben,
dass sie den Bussitz anknabbert
oder gar in Venedig auf den Markusplatz...
Na ja, ihr wisst schon...

Und los geht`s...
Bis der junge Busfahrer endlich alle Anweisungen der Alten
verstanden hatte, er sich murrend in sein Schicksal ergab,
alles verstaut war -
Und tatsächlich, nach einigem Gerangel, endlich alle saßen,
war er reif für die Insel - oder Dusche.

Wir durften dann vorne sitzen.
Weil - zwei sind nicht gekommen -
Weiter hinten wird mir immer übel -
Glück für alle... Wer will schon eine "Pizza" auf seinem Kragen...

Ein Bus (fast) - voller älterer Leute -
Na gut, bin ja selbst ein "altes Leut"...
und ich sag`s euch –
Nicht leicht mit dieser "Sorte"...
Ein paar "Junge" bringen dann doch den "erträglichen
Durchschnitt..."

Und dann kommt's:

Eine klare, beschwörende Ansage vom jungen Busfahrer:
„Die Bustoilette nicht benutzen - Nur im Notfall -
Wegen der zarten Düfte,
die bis hoch in den Bus ziehen würden...
Weiß der eigentlich, was er da redet?

Hallo?
Bei uns "Alten" ist doch alles ein Notfall -
Oder etwa nicht?
Hoffe, dass Blasen und Gedärme die Botschaft gehört haben...
Bin erstaunt, wie schnell man über Krankheiten
ins Gespräch kommen kann - und wie lange ...seufz!

Doch da, gerade noch rechtzeitig steigt ein Liebespärchen zu
und ruckelt meine "Venedig - Reise-Vorstellungen"
wieder etwas zurecht.

Und wie!

Ja gut - sie sind jetzt auch nicht mehr sooo jung...
aber sooo verliebt!

Genauso, wie es sich gehört,

besonders bei einer Reise nach Venedig.

Tief in die Augen sehen
keinen Schritt ohne den anderen...
Ok, (schwere Trennung an den Toiletten dann schon) ...
Kuscheln, flüstern... Das ganze Programm!

Später habe ich dann erfahren,
dass er noch in der "Probezeit" ist...
Doch die beiden bringen uns sofort in die angemessene
romantische Stimmung! Wunderbar!
Das lassen wir uns auch durch keine Probezeit nehmen!
Im Kopf immer die Sehnsuchtsmelodie: "Venedig"

Es will verdient sein! Das Glücksgefühl...
Aber so was von!!...

In Würzburg steigt er dann zu - Mustafa

-

Unser Busfahrer Mustafa!
In Marokko hat er - bis jetzt - eine Frau und sechs Kinder...
Ist aber in Deutschland auf der Suche
nach einer zweiten Frau... Da hinkt er noch ganz gewaltig
hinter seinem Papa her - der hatte nämlich drei Frauen und
siebzehn Kinder - sagt er stolz!

Herrschaftszeiten!!!!

*Er ist ein Raucher...so eine Freude!! Wie bitte???
Aber ja!*

*Es wird viele Pinkelpausen geben -
Halleluja!
Und die Blasen und Gedärme freuen sich!...*

*Und die Sonne scheint, als wolle sie uns zeigen,
wo "der Frosch die Locken hat"...
Und sie scheint 5 Tage lang - ohne Unterlass!*

Leute...wir müssen es verdient haben!!

*Als wir die italienische Grenze erreichen -
Fängt bei mir die Verzauberung an...*

*Und es ist nicht Mustafa – nein, nein!
Es ist dieses besondere Licht -
Diese bezaubernde Landschaft -
Diese besonderen und oft vereinzelt stehenden mediterranen,
mit warmen Erdfarben geputzten Häuser.
Dieses südländische Flair -
Einfach nur hinreißend.*

Dabei sind wir noch nicht einmal in Venedig!

*Doch dann, am nächsten Tag,
nach einem überschaubaren Frühstück -
Ich mag ja auch keine Reizüberflutung
oder gar Entscheidungsprobleme, wie zum Beispiel:
"Was esse ich denn heute Morgen mal?"...*

*Und das war fünf Tage lang so was von klar
und spartanisch geregelt...
so dass eine Menge "Stress" wegfiel -*

*Sie haben es sicher nur gut mit uns gemeint -
Wollten uns gar vor der Todsünde "Völlerei" bewahren -
Ist ihnen gelungen!*

*Und dann - Bus- und Wassertaxifahrt später...
Da liegt sie - im Sonnenschein...
Die "Durchlauchtigste"
Die romantischste Stadt Europas -
Stadt der Liebenden, der Träume —
An dem all die unterdrückten
Wünsche und Sehnsüchte hervorbrechen -
Die auf hundert Inseln gebaute -
Die, die 2100 untergehen wird - sagt man.*

*Was andere fühlten - wenn sie der Lagunenstadt ansichtig wurden - Dichter, Denker
und auch der einfache Mann, - das fühle ich auch!
Mit unglaublicher Intensität!*

Einer schrieb:" Wenn ich an Venedig denke, ist mir, als wenn ich schöne Musik gehört, ein gutes Buch gelesen oder mit einem lieben Menschen gesprochen hätte."

"Venedig war die Stadt meiner Träume" und alles, was ich sah übertraf meine Erwartungen!

*Hermann Hesse schrieb über den "Lagunenzauber"
Ein anderer: "Venedig ist, als würde man eine ganze Schachtel Likörpralinen auf einmal essen!"*

*"Es gibt zwei Arten von Städten:
Alle anderen - und Venedig!"*

*Ich weiß, es ist einmalig sie zu erleben -
Und das den ganzen Tag!
Glück pur!*

*Und da ist noch der alte Maler, mit seinem Stand
voll wunderschöner Bleistiftzeichnungen -*

Kann nicht widerstehen -
Und außerdem - meine Güte,
hat der ein bezauberndes Lächeln
und so schöne, dunkle, warme Augen...
Er streichelt mir ganz zart die Wange -
AAALSO, normalerweise traut sich das bei mir keiner -
Wenn er seine Finger behalten will...
Doch, ich bin gerührt -
Echt jetzt, er ist mindestens 120?
Na und!!!

Es zieht uns in die Nebengassen, da wo man auch
Einheimische trifft. Große Freundlichkeit, preiswertes Essen
und vor allem gute Atmosphäre -
Und entgegen aller Prophezeihungen - so sauber!
Kein Impel, kein Kaugummi -
Selbst die Tauben scheinen hier ihr Klo anderswo zu haben...

Und dann die Taxifahrt auf dem Canale Grande -

HIMMLISCH - HIMMLISCH - HIMMLISCH!!!

Und mir war überhaupt nicht übel... seltsam!
Ja ja, wenn die richtige Ablenkung kommt...

*Murano, die Insel der Glasbläser... ok - da müssen wir jetzt durch... schließlich wird hier
das schönste Glas der Welt hergestellt...
Und dann -*

*Burano, die kleine Insel, mit dem typischen Flair von Venedig -
In ganz besonderem Maße.
Bummeln und Schlendern ist dran!*

*Die Fischerhäuser, so bunt wie eine Tüte Bonbons - und man
muss aufpassen, dass man nach 670 Metern nicht ins Wasser
fällt... da ist das Dörfchen nämlich schon zu Ende...
Die Fischer strichen die Häuser so bunt an, damit sie sie
wiederfinden konnten, bei Nebel oder nach durchzechter Nacht.
Weißte Bescheid!*

Und dann, kurz vor unserer Rückfahrt - Eine fehlt!

*Unser "Bunter Vogel" - Sie ist wie in den 68ern gekleidet,
will sich selbst etwas beweisen - wie sie sagt.*

*40 Kg leicht,
die mit dem Morphin, dem Rollator, dem Stützkorsett
der Stütze am Unterschenkel -
Ist nicht an der Ablegestelle.*

*Alle in heller Aufregung - und Sorge. Ganz klar!
Doch unsere Reiseleiterin entscheidet - wir fahren pünktlich ab.
Andere sind von uns abhängig.
Sie hat meine Handynummer.
Sie ist erwachsen,
die Leute im Dorf wissen Bescheid...*

*Alter...
und wenn sie hilflos irgendwo liegt?
Na, das wird eine unruhige Nacht...
Am nächsten Morgen sehe ich ihren Rollator im Flur stehen -
Lieber Gott - Danke
Beten hilft eben doch!
Sie hatte sich nur verlaufen, sagt sie,
der Akku war leer
und sie wusste nicht mehr, wie unser Hotel hieß.
Doch sie hatte genug Geld dabei!*

*Sie hatte ihre Bestätigung: "Ich schaffe das!"
Und sah dabei keineswegs desolat aus!*

Von Stund' an wich sie uns allerdings nicht mehr von der Seite... verständlicherweise.

Außerdem - sie hat nun was "Spezielles" zu erzählen,

was sie aus der Gruppe heraushebt -

Und vielleicht, nein ganz sicher - tut es ja auch mal gut, nicht nur als behinderter Mensch wahrgenommen zu werden.

Ich sag's ja - ABENTEUERLAND.
Sie hat's auf ihre Weise erlebt.

Letzter Tag -
Wäre ich ein Hund -
"JAUL"...

Am wunderschönen, 25 Km langen, blitzsauberen Sandstrand nur ein paar Einheimische - und wir "alten Touristen"...
Der Tag gehörte uns. Die Truppe war auf Weinprobentour.
Ich glaube, wir hatten eine gute Wahl getroffen -
Ganz sicher.
Promenadenspaziergänge,
Sitzen und auf's Meer schauen,
schwelgen über dieses wundervolle Venedig und dem Umland und immer wieder, wie schön es ist,
dass alles miteinander teilen zu können!

Eis schlemmen -
Irgendwie musste der Kalorienmangel ja aufgefangen werden...

Glück so intensiv zu spüren - ein Geschenk!

Vier Abende:
Nudeln, Nudeln, Nudeln, Nudeln
Möhrchen, Möhrchen, Möhrchen, Möhrchen
Schweinebraten, Schweinebraten, Schweinebraten
Hühnerbein
Pudding, Pudding, Pudding, Pudding.

Aber Leute - geschmeckt hat es super!
Nudeln immer anders -
Und wenn einer Nudeln kann -
Dann doch die Italiener, oder was?

Vegetarier allerdings...
Aber, alles gut - wir wollten ja auch nicht zunehmen -
stimmt's?

Und - Leute - glaubt mir,
die lange, lange Rückreise mit den vielen, vielen Päuschen
bei strahlendem Sonnenschein
durch dieses bezaubernde Italien, das wunderschöne Österreich
und unsere Heimat -
Diesem langsamen Abschied, voller Dankbarkeit
das hatte was - für mich...

Doch ohne meine liebe Freundin an der Seite wär's nur halb so schön gewesen - ganz sicher.

"Ich habe bei ihrem Mann um ihre Hand angehalten"...
Er hat mich nur etwas besorgt angesehen...

Und die Moral von der Geschicht'?

Vergesst das Abenteuer nicht!
Und sei es noch so klein...

Ohne Dich

In Memory - Mai 2018

Marikas Geburtstag
Mein 70ster
Sommerfest im Heim
Schulter - OP
Walters Geburtstag
Weckewerkessen
Herbstfest im Heim
Kevins Geburtstag
Advent... Weihnachten...

Die Zeit mit dir - sie fehlt mir - ich kann sie nicht füllen.
So viele Jahre unter einem Dach!
Und nun -
Ohne dein Lächeln
Ohne dein Verständnis
Ohne dein Mitgefühl
Ohne deinen schlagfertigen Humor!

Du fehlst mir noch immer - für immer
In Liebe...

Januar 2024

Pinke Pinke

Wer soll das bezahlen,
wer hat das bestellt -
Wer hat so viel "Pinke Pinke",
wer hat so viel Geld...

Das sang der "Kölsche Jong" Jupp Schmitz 1949
Und heute?
Wieder ziemlich aktuell -
Passt wie "Deckel auf Topf!"

Frage mich auch jeden Tag -
Ist DAS jetzt die Welthymne
für`s neue Jahrzehnt?

Also, ich hab jedenfalls nix bestellt!
Ja gut. Bei Amazon - hin und wieder...

Minimieren!
Du musst minimieren...
Ist wohl das neue Zauberwort...

Also, wie jetzt?
Und vor Allem — Was? Und Warum?

Also, wenn ich mir da was wünschen dürfte...
Mein Gewicht!
Und dann bin ich glücklich(er)?
Auf jeden Fall!!!

"Reicher?"... vielleicht (ist aber nicht sicher)
"Freier?" - keine Ahnung...

Vielleicht ist das ja nur das neue "Aufräumen?"

Das kenn ich!
Das kann ich!

Ach was -
Ich soll Sachen, Dinge, Kleidung -
Weggeben?
Abgeben?
Entsorgen?
Und vor allem - NIX nachkaufen?

Wie jetzt - kaufen, nur wenn ich was brauche?

WARUM?
Wegen dem "Pinke Pinke" etwa?

*Du meine Güte...
Ich "brauche" doch immer irgendwas -
Streichelt meine Seele...*

*Vielleicht benötige ich sie ja doch noch mal...
Eventuell, unter Umständen -
Die Sachen, Dinge, Kleidung...*

*Und - wiederholt sich Mode nicht nach 30 Jahren...
Dann hätte ich doch alles schon im Schrank!!*

*"Nachhaltigkeit" - zählt doch auch -
Oder etwa nicht?*

Habe es dann doch endlich gewagt - und plötzlich -

*Platz - überall Platz...
Echt, ein befremdlich - befreiendes Gefühl!*

Äähm - wieso...

Hatte ich DAS denn nicht schon entsorgt??

Ja, Trennungen sind schmerzlich... auch solche...

Jetzt muss ich nur noch warten...
Ja - und auf was?
Na, bei all dem Verzicht -
Müsste sich da nicht mein "Pinke Pinke" vermehren?

Doch, doch...

Und wenn nicht?

Geld soll ja angeblich nicht glücklich machen...
Ich sage euch - ein Mythos...

Ja dann -
Ist wenigstens aufgeräumt!

Streichelt die Seele auch ein kleines bisschen...

Schlüsselerlebnisse

Ja gut, in jungen Jahren gab`s davon jede Menge -

Waren wichtig, für eventuellen „Richtungs- oder gar Handlungswechsel - (oder auch nicht)...

Und auf manche hätte...
(hätte, hätte, Fahrradkette) wie die Jungen sagen...
Man wirklich gut verzichten können!

Und die meisten? - Wären notwendig gewesen -
Was fehlte, war Mut...

Und im Alter?
Ist es kein bisschen anders!
(Dauert nur alles noch länger) ... Richtungswechsel etc. -
Ich sag`s euch!

Und die Romantiker unter uns, wollen die nicht unbedingt
den Schlüssel zu irgendwelchen Herzen finden?

Mal ehrlich - ich bin schon froh -
Ja, fast glücklich -
Wenn ich den Schlüssel zu meiner Haustür finde!

Oder gar zu meinem Auto! Erst kürzlich...

*Mit Hilfe von Familie und Freunden –
Können Panikattacken echt aufgefangen werden!
Ich sag`s euch! Und - Gott sei Dank!*

*OK -
Im Alter haben „Schlüsselerlebnisse" meist noch mal
eine spezielle Bedeutung.
Sind oft von Selbstzweifeln begleitet -
Oder unkontrollierten Wutausbrüchen,
meist über sich selbst...
Aber auch wegen der dummen Sprüche der "Anderen"...*

Alles geht so verflixt langsam...

*Das Erkennen der eigenen Vergänglichkeit -
Der Hinfälligkeit - schwingt immer mit...
Dann auch noch die Unberechenbarkeit -
Gar Starrköpfigkeit etc.
Seufz...*

*Und – hängt doch endlich mal die Spiegel zu!
Schaufenster sind doch schlimm genug!*

Die Hemmschwelle liegt eben niedriger...
Die Zündschnur ist kürzer... und
Vielleicht bin ich ja gar nicht alt...
Sondern nur in der zweiten Pubertät!?

Schön wär's...

Die Wahrheiten lassen sich nicht mehr so einfach
verschweigen...
Oder unter den Teppich kehren...
Und oft kaum zurückhalten...

Doch, wenn wir es mal genau betrachten...
Was kann uns Alten denn noch passieren?
Besonders der "renitenten Sorte"...

Arbeitsplatz verlieren?
NIX da - Rente! - Ha!

Freunde verlieren?
Die „Echten" niemals!
Nicht mehr ernst genommen werden?
Ok - das tut weh!

Keine, oder zu wenig Wertschätzung erfahren?

Das - ist wohl das Schmerzhafteste!

Und wehe, es sagt da jemand was von Demenz!

Außerdem es gibt ja allerlei Ersatz – Gott sei Dank!

Zum Beispiel auf Platz 1: "Der Ersatzschlüssel" -
Wenn ich ihn finde...

Strategien,
Strategien sind ungeheuer wichtig!!!
Wenn ich sie denn nicht vergessen habe...

Freunde und Familie -
Ok, die gehen doch immer - oder was?

Werden auch nicht so schnell vergessen -
Verzeihen einem auch so manchen "Schnitzer"...
Was für ein Glück!

Doch dieser „Schlüssel" –
Zu Menschen
mit Herz,
Empathie,
und Verstand -

Hätte den nicht jeder gerne?
Haben wir ihn, passen wir gut auf diesen
besonderen Schlüssel auf -
Damit er nicht verloren geht!

Und gebrauchen wir ihn so oft wie möglich,
den "Schlüssel" zu Menschen,
mit Herz,
Empathie,
und Verstand.

Denn das verbindet uns miteinander
und stärkt uns!
Die "Jungen wie die Alten!"

Gott sei Dank!

Und dann war da das Spitzmäuschen

So klein, völlig nackt, noch blind -
Und ganz hilflos lag es da –
Zwischen Erdschollen und abgeernteten Kornfeld.

Na klar musste es gerettet werden!
Hab`s in der hohlen Hand nach Hause getragen.
Vorsichtig und liebevoll in eine Streichholzschachtel
mit Watte gelegt...

Hab' ein kleines "Liebesperlen-Fläschchen" mit Milch gefüllt
und versucht es damit zu füttern...
Es hat ihr wohl nicht geschmeckt...

Hab`s heimlich mit in mein Bett genommen -
da war es schön warm.

Am anderen Morgen war es gestorben...
Wieso nur?

Ich hatte doch alles getan -
**Ich war sieben - und hatte meine
erste Begegnung mit dem Tod**

Spuren von Glück

Ja, gut...

Sind nicht mehr so leicht zu finden -
Und schon gar nicht mehr so schnell -
Oder gar sehr viele –
In der "zweiten Pubertät" sozusagen -

"Wo liegt bloß die blöde Brille wieder...
Und wo - bitte der Zettel -
Auf dem ich alles aufgeschrieben habe -
Um nix zu vergessen?"

Struktur muss her!
Alles - ALLES - aber auch alles,
muss verlässlich, auf dem IMMER gleichen Platz liegen!!!

Wegen der ansonsten endlosen "Sucherei"...
Und der DANN wieder notwendigen "Toilettenaufsuchung"...

Und - wo bitteschön –
Ist jetzt der "immer gleiche Platz" - nochmal??

"Zefix no emoi"...

Doch wenn man es dann endlich gefunden hat -
Was auch immer!...
Glück Pur!
Oder auch nur Erleichterung...

Solche Gefühle?
Ja - denn die bleiben!
Werden eher "Schlimmschöner."

Ja ja! "Zweite Pubertät"
Wie mit Fünfzehn?
Genauso!
Der Bayer würde sagen -
"Vui zvui Gfui"...

Doch manchmal - Herrschaftszeiten - ist das Glück
spurlos verschwunden...

Und das - fühlt sich -
Wenn man schon "einen Tag älter" ist -
So "absolut" an!

Vorübergehend?...

Hallo -
Vorübergehend??

Na ja - hoffen wir es!

"Wie können wir es denn wieder finden, das Glück?"...

Aber - Leute! - Es sind doch überall Spuren von Glück -

Wir können sie nur manchmal nicht sehen -
Weil das, was uns den Blick verstellt -
"Erst verarbeitet und losgelassen werden muss."

Und das erfordert jede Menge Reflektion -
Und jede Menge - Mut!

Ich weiß, es ist möglich -
Mit Gottes Hilfe

Weil - ich bin selbst
eine ziemlich glückliche "Alte"...

Also, immer den Glücksspuren nach...

Wechselbäder

Wie jetzt -
Die von Kneipp?
Oder etwa die der Gefühle?...

Die Frage ist doch - wer braucht denn so was???

In den Wechseljahren hat man`s halt hinnehmen müssen -
War nicht angenehm... mal kalt, mal heiß -

Da kam das Herz so einer "Mittel - Alten" -
Manchmal außerplanmäßig in Schwung...
Ob es wollte, oder nicht...
Es "flimmerte" öfter mal...
Oder kam sogar aus dem Rhythmus -

Mal heiß, mal kalt -
Wer will das schon?

Dabei gibt es doch so viele andere Möglichkeiten -
Sagen sie...
Um Herz und Kreislauf in Schwung zu halten...

Wechselbäder von Kneipp - zum Beispiel:

Heiß und kalt duschen -
Oder auch "Güsse" - von unten nach oben -
Keine Ahnung wie das gehen soll -

Oder auch:
Gartenarbeit
Ehrenamt
Enkelbetreuung
Spazierengehen
Reisen

Ja, gut - können auch "Herzensangelegenheiten" sein - klar...

Aber LEUTE -
Sind das nicht allesamt...
"uninteressante Angebote?" -

Ja gut - vielleicht, weil man es nicht mehr
"kann, oder will?"...

Aber...
Hat nicht alles seine Zeit?...
Was ist mit den Gefühlen -
So von Mensch zu Mensch?

Oder gar - von Frau zu Mann...

Auch die können eine Seele doch ziemlich
glücklich machen -
Oder auch völlig durcheinander bringen...
Kenne ich!!

Da kommt Gartenarbeit,
Enkelbetreuung,
Spazierengehen,
Sogar Reisen —
Nur begrenzt ran -

Und - dazu braucht es meist einen besonderen Anlass...

Aber dann können anscheinend die "Wechselbad - Gefühle"
"JEDERZEIT" auftreten -

So wie damals, mit 17?
Genau so sagt die Statistik -

Und je älter - umso schlimmer?
So isses -

Herrschaftszeiten!

In jungen Jahren - ok - steckt man weg...

Aber später, später...
Wenn Perspektiven und Belastbarkeit -
Irgendwohin verschwunden sind -

Ja, dann - kann "Sowas"
nicht sogar zum "Broken-Heart-Syndrom" führen?

Ja - und an so einem "Gebrochenen Herzen" -
Kann man da nicht sogar sterben?

Lieber Gott...

Ja - aber bis dahin - kann`s da nicht –
Wunderwunderschön sein?
Zumindest in der Fantasie...

Wen interessiert denn da schon ein gebrochenes Herz?...

Und überhaupt -
Vielleicht ist man bis dahin schon die Himmelsleiter hoch?
Und würde sich tot ärgern...
dem Glück aus dem Wege gegangen zu sein.
Oder? –

Und nicht all das Gute, was uns
reinen Herzens geschenkt wird, freudig anzunehmen...

Das
"SCHÖNE HIMMEL-HOCH-JAUCHZENDE" -

Nicht restlos ausgekostet zu haben...

Und - lasst die alten Neider doch reden...
Tun sie sowieso!

In dem alten Film "Harold und Maude" -
War der beste Spruch - von Maude:
"Laster, Tugend -
sei nicht zu moralisch, sonst betrügt du dich selbst,
um zu viel Leben!"
"Ziele über der Moral"...

Wenn du das auf dein Leben anwendest, wirst du es mit
Sicherheit voll ausleben!
Versuchen wir es doch!

Gott wollte, dass wir glücklich sind!
(Mose 1:39 / LK II, 28)
Gott ist unser Glück sogar wichtiger als -
wir uns selbst sind...

Also "Mädels" - und die anderen Konsorten...

Ab sofort werden wir glücklich -
Oder versuchen es zumindest -

Habt Fantasie!...
Das hilft!

Mit einem "göttlichen Mentor" an unserer Seite...
Der uns glücklich sehen will -
Wird uns da nicht so manches gelingen?

Ganz sicher!

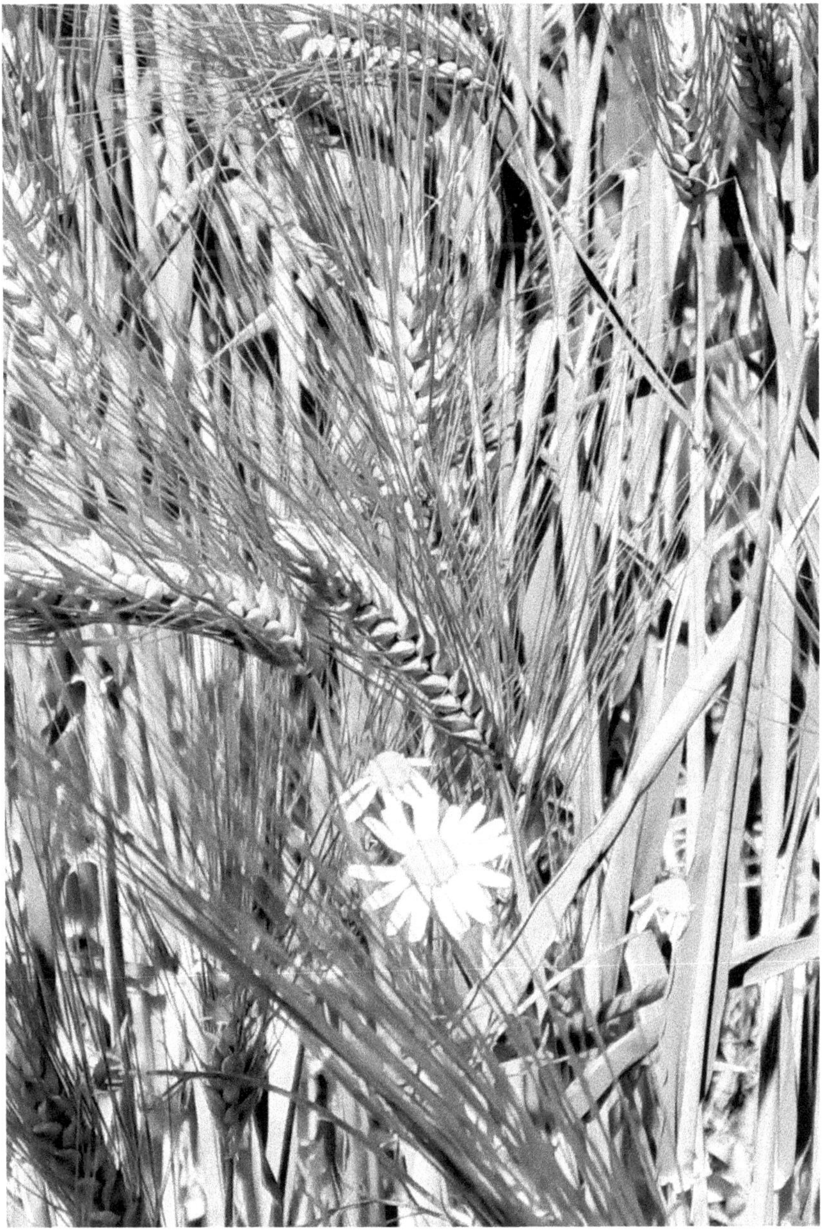

Weihnachtszeit

Besinnlich? -
Oder besinnungslos?
Gar von jedem etwas??

Mal unter uns -
Klar, war mir immer bewusst, was da auf mich zukommt...
Familie - Tradition - Erwartungen - eigene, andere...
Aber auch - viele Jahre der Übung!

Weißte Bescheid!

Was haben mir die Vorbereitungen,
schon Wochen vor dem Fest für eine Freude bereitet!
Und - ok - auch ein klitzekleines bisschen Stress...

Und wenn sie, die Familie, dann "einfiel"...
Waren wir - mindestens "Zehn"...

Die "diversen Gäste" nicht mitgezählt. Die kamen und gingen...
Und sie blieben - also, die "Angemeldeten" -
Mindestens eine Woche!
Ja, ja...
Und das war schön!

Ein Kommen und Gehen!
Fröhlich und lebendig war`s, oh ja!

Übrigens - am Heiligen Abend wurde live gesungen
und manchmal auch ein Gedicht aufgesagt!
Ja... und glaubt mir - es war schön!

Später kam der Kassettenrekorder zum Einsatz -
Mit der "Weihnachtsbäckerei" - auch schön!

Und heute?

Seit unser Mütterchen nicht mehr da ist -
Sie war der "Magnet" für all ihre Kinder und Kindeskinder
in IHREM Haus –
Treffen wir uns im "kleinen Familienkreis".
Tradition wird nun von meiner "Nachrückerin "-
Meiner lieben Tochter fortgeführt.
Das lässt sie sich nicht nehmen!
Im guten traditionellen Sinne.
Fröhlich und lebendig ist`s - Oh ja.
Gott sei Dank!

Und ich? Wo bleibe ich dabei?
Hab` ich das "Gestern" nicht (fast) alles gemanagt?

Anerkennung bekommen... Is ja guuut...

ISG-Gelenk
Rotatorenmanschettenruptur
Karpaltunnelquetschung
Drehschwindel...

Da muss mir ja die vegetarische Gans
aus der Hand rutschen...

Fühle mich so ohne Macht - und arbeitslos...
Also doch - besinnungslos?

Im nächsten Jahr...
Und da schwirrt er umher, der allgegenwärtige Spruch...
ALLES HAT SEINE ZEIT...
Ich kann`s nicht mehr hören!
Und schon wieder - zurücktreten, loslassen und was finden,
was mich zufrieden oder gar glücklich macht -

Und vor allem - Sinn macht!
Aber ja!   Bin auf dem Weg...

Mit Gottes Hilfe

Wie beim allerersten Mal

Abenteuerlich, aufregend, faszinierend, spannend, bewegend,
manchmal auch mit Herzklopfen...

Etwas tollkühn, waghalsig gar - oder verwegen...

All die erlebten Gefühle beim Schreiben dieses kleinen Buches
sind verbunden mit dem Wunsch, zu berühren.

Wundervolles,
Überraschendes,
Humorvolles und auch Schweres
ist in den Texten aus 75 Lebensjahren zu finden.
Aber auch Vergebung und Loslassen.

Und vor Allem, die Hoffnung -
Dass alles gut wird.

Ein Geschenk eben

Gott sei Dank

Wie jetzt

Alles biochemische Prozesse?...
Dopamin
Serotonin
Endorphine
Noradrenalin
Phenyletylamin
Oxytocin...

Als ob ich "DAS" - wissen wollte!...

"Herrschaftszeiten!"...

Da, wo sonst Schmetterlinge flogen -
Schwirren nun biochemische Prozesse herum?...
Oder was?...

Müssen "Die" denn ALLES kaputtmachen?"

Und außerdem sind mir Schmetterlinge deutlich sympathischer!

Zum Beispiel bei:
Was uns Freude macht
Uns lebendig fühlen lässt...

Mutig -
Abenteuerlustig -
Euphorisch -
Verrückt –
Und - manchmal - sogar - SCHÖN!

Alles Sadisten!
Freudlose -
Einsame -
Verbitterte "Besserwisser!"...

Okaaay - und wer?

Na, die Wissenschaftler!...
Die wollen doch nur, dass wir uns so fühlen - wie sie!
Und es sind doch Schmetterlinge!

*Ich will meine Schmetterlinge
wieder haben...
Sofort!*

Zefix no amoi...!

Winterblues

„Das lasse ich nicht durchgehen!"
„Soweit kommt's noch!"
Und überhaupt...
Wieso ich?
Ja gut...
Hab's ja kommen sehen – doch, doch...
Aber so plötzlich?
Wann hat das denn bloß angefangen??

Und wieso schleicht es sich so unbemerkt –
Und auch noch von hinten - mitten durchs Herz – an?
Hinterlässt überall Spuren von Verletzungen...
Leichte, schwere, irreparable...

Trifft auch manchmal mit voller Wucht...
Unvorbereitet...

„Alter Schwede!"...
Bin zwar kein Schwede – aber ALT!
Hab' ich das gerade gesagt??
Oh, ja!

*Und – hatte ich nicht gestern noch Wertschätzung und
Anerkennung über meine Leistungen??*

Das war eben gestern…

*„Rosenstolz" singt:
„Wann kommt die Sonne?"*

*Ja, ich will Sonne!
Da besteht Hoffnung…*

*Und da ist noch der „Abschiedsliederwunsch"
von unserer „Angie"…*

*„Für mich soll's rote Rosen regnen,
mir sollen sämtliche Wunder begegnen!"*

Is ja guuut…

*Für sämtliche Wunder ist die Zeit zu knapp.
Schon klar…*

Aber ein oder zwei „Kleine" vielleicht?"…

EIN „Zipperlein," das Ruhe gibt, zum Beispiel –

Ein neues Sofa – eventuell?
Aber Rosen, Rosen gehen doch - oder?...

„Das lasse ich nicht durchgehen!"
„Soweit kommt's noch!"
Dass der „Winterblues" mich gängelt...

Werde jetzt Musik hören...
Es mir schön gemütlich und warm machen...
Mich selbst mal umarmen...
Mir das Märchen von König Drosselbart
mit meiner Freundin ansehen...
Mit Lina in den Park humpeln...
Ein bisschen schreiben... (auf einer Pobacke sitzend)

Und da sind (vor allem) Familie und Freunde –
Herzensmenschen eben, allesamt!

Also - Schluss mit dem „Gejammer!"
Ist doch alles da, was die Seele braucht!
Und das „Andere" wird integriert...
Ok, vielleicht „humpelnd und etwas widerwillig" -

Doch - "WAT MUT, DATT MUTT!"

Die Zeit steht still,
wir sind es, die vergehen

(Mascha Kaleko)

Und schon setzt ein alter „Ohrwurm" ein…
(und ich kann nichts dagegen tun – ehrlich!)

„Die Zeit macht nur vor dem Teufel halt,
denn er wird niemals alt –
Die Hölle wird nicht kalt –
Heute ist schon beinahe morgen"…

So ganz verstanden hab` ich den Text ja nicht…
Wo es doch weder Hölle noch Teufel gibt!
Aber wahrscheinlich verkauft sich so was gut…
Wer weiß…
Wenden wir uns lieber dem Himmel zu…

Hoffen wir denn nicht alle auf den Himmel?

Was wäre auch die Alternative?

Unsterblichkeit etwa?
Aber was anfangen mit so unendlich viel Zeit.

Was dachten die „Genies" – in ihrer Zeit - über die Zeit?

„Hermann Hesse" sagte:
„Unsterblichkeit?
Keinen Rappen gebe ich darum -
Wir wollen hübsch sterblich bleiben!"

Reinhard May singt:
„Wovor haben wir nur so viel Angst… nichts bleibt…
Kein Ring, kein Gold, kein Leid…
Und klar - auch keine Zeit…"

Leonardo da Vinci sagte:
„Die Zeit verlängert sich für alle, die sie zu nutzen wissen…"

Aber was ist, wenn ich meine Zeit nicht „verlängern" will?
Meine Zeit, hier auf Erden?
Wenn es zu sehr schmerzt – das Leben?
Ja, was dann?

Ja dann,
dann kann die Zeit schier endlos langsam vergehen.
Also – „bleiben wir hübsch sterblich"…

Doch wenn ich meine Zeit sinnvoll verbringen will,

ist Struktur und Planung dann nicht die Voraussetzung
fürs Gelingen?

Also, Struktur unbedingt, sie bietet die Sicherheit...
Meistens jedenfalls...
(sonst findet man ja auch nix wieder)

Und Planung? Ja gut -
Kommt zwar meistens anders als geplant...

Wie ist es mit Vorbereitung?
Ja - und auf was?

Auf ein langes, gesundes,
vielleicht sogar glückliches Leben - ist doch klar!

Um meine Zeit somit zu verlängern -
Etwa mit Sport, guter Ernährung etc.?
Ist das nicht immer gut?

Schon alleine wegen der Hoffnung und so?

Durch die Arbeit mit alten Menschen
und den vielen Abschieden über so viele Jahre,
verbunden mit den eigenen Lebenserfahrungen,

zählt natürlich auch Planung dazu - zeitnah – alles klar,
langfristig – na, ja…

„Langfristig" hat im Alter sowieso
eine völlig andere Bedeutung.
Doch manchmal - gelingt selbst das!

Und - gehen nicht dem „Großen Abschied"
von dieser schönen Welt -
„Viele Kleine Abschiede" voraus?

Abschiede von Gesundheit -
Von Fähigkeiten -
Von Möglichkeiten?

Aber vielleicht dann -
Wenn wir uns die Zeit nehmen -
Die kleinen Abschiede anzunehmen und loszulassen.

Vielleicht können wir dann dem Großen,
von dieser schönen Welt -
Sogar in Frieden annehmen - wer weiß…

Dann - wenn unsere Zeit gekommen ist…

Doch bei allem, was wir planen, strukturieren und worauf wir
uns vorbereiten wollen -

Gibt es da den Einen -
der, der seinen Plan für uns schon fertig hat? -

Der, der sein Versprechen halten wird? -
(da bin ich sicher) -
Uns durch schwere Zeiten hindurchzutragen?

Alles liegt in seiner Hand.
Gott sei Dank!

Nutzen wir sie, unsere Zeit... jederzeit!

Damit die Seele zufrieden ist und das Leben Sinn macht...

Jetzt – ja jetzt gerade – nutze ich meine Zeit!

Werde mit meinem Herzenshimmelshund eine Runde durch den
schönen Reinhardswald drehen -
Und das Geschenk genießen, dass ich noch hier sein darf...

Gott sei Dank!

„Wir haben bereits alles,
alles, was uns fehlt,
ist diese Einsicht"
(Zitat von Baba Muktananda)

Von wegen... wir haben bereits alles!

Das mit der Einsicht,
hat bei mir so manches Mal lange gedauert...

Nichts war sofort da!
Woher sollte in jungen Jahren auch der
nötige Weitblick kommen?

Ich konnte - oder wollte ich nicht erkennen,
wo etwas hinführte.

Wenn ich es dann
oft schmerzlich erkannte, war das meist der erste Schritt zur
Erkenntnis.

Und manchmal musste ich diese Erkenntnis wiederholen -
Bis sich die Einsicht zeigte -

Und braucht es nicht Menschen und Ereignisse,
um zur Einsicht zu kommen?

Auch heute noch.
Manchmal.

War das letzte Jahr nur von Verzicht und von Angst geprägt?

Mitnichten! Ganz im Gegenteil!

Für mich öffnete sich eine ganz neue und inspirierende Tür –

Das Onlineschreiben zu Hause!

Habe (fast) keinen Mangel verspürt...

Ja gut – hab ich's schon erwähnt?
UMARMUNGEN
wären schön gewesen...

TREFFEN
mit mehreren FREUNDINNEN UND FREUNDEN,
wären schön gewesen...

KÄFFCHEN und KUCHEN -
In den Cafés mit Freunden...

Das schon...

Doch wie Oscar Wilde schrieb:
"Am Ende wird alles gut
und wenn es nicht gut ist,
dann ist es noch nicht das Ende!"

**Bin voller Hoffnung
und froher Erwartung!**

Alles wird gut!

ZuMUTungen

"Das ist doch wirklich eine Zumutung!"

Sagen wir das nicht alle immer mal wieder?

Zum Beispiel, wenn wir vor Aufgaben stehen,
die neu, unbequem oder gar beängstigend sind.
Wenn wir denken, gegen
Respektlosigkeiten und Unverschämtheiten
nichts entgegensetzen zu können...

Wenn uns die "Sicherheit" abhanden kommt,
wir unsere Gewohnheiten ändern
oder Gott bewahre
gar aufgeben müssen.
Vermeintliche "Vormachtstellungen" - auch politische,
ins Wanken geraten,
inakzeptables Verhalten uns zum Umdenken zwingt...
Dann kann uns der MUT schon mal verlassen...

Aber, in dem Wort "ZuMUTungen"
steckt`s doch schon drin!
MUT!

*Und - bedeutet jemanden etwas "zuzumuten",
nicht auch zu vertrauen?
Könnte Vertrauen nicht die stillste Art von Mut sein?
Doch wenn`s gelingt - wir mutig sind
und vertrauen können -
Hat Entwicklung und soziale Reife
nicht erst dann eine echte Chance?*

*Entwicklung,
Reife,
Chance,
Alles gut und erstrebenswert -*

*ABER -
Ist es nicht eine Zumutung, wenn wir
gerade „Gewohntes"
in langjährig und mutig "Erprobtes"
wieder aufgeben oder loslassen müssen?*

Herrschaftszeiten!

*Zum Beispiel auf eine Leiter zu steigen, um den
Weihnachtsschmuck auf den Schrank zu stellen.
"Hab` ich doch immer gekonnt!"...*

Doch nun, mit den Jahren - schwinden die Kräfte...
Oder andere "Befindlichkeiten" verlangen nach jeder Menge,
Akzeptanz und Loslassen.

Und — MUT!

"Wenn sich eine Tür schließt, öffnet sich eine Neue"...
Sagen sie...

Also irgendwie habe ich das Gefühl, dass ich den Schlüssel für
"Neue Türen" zu oft verlegt habe...
Vergesslichkeit?... - Seufz!...

Angst beginnt im Kopf.
Sagt man...
Doch Mut auch!

"Mut ist nicht die Abwesenheit von Angst, sondern die
Überzeugung, dass etwas wichtiger ist als Angst."
(Eleanor Roosevelt)

Sich für Menschenrechte in den 40ern einzusetzen -
Und durchzusetzen -
Was für eine mutige Frau!
Angst ist vorübergehend.
Bedauern für immer.

Als ich mein Mütterchen mal fragte -
Sie war weit über 90 Jahre alt -
Ob sie in ihrem Leben etwas sehr bedaure -
Schwieg sie länger, lächelte mich an und sagte:

„Nein, ich würde alles wieder so machen!"
„Wirklich?" fragte ich?
Denn sie hatte ein schweres Leben.
Ihre Antwort - ein klares - Ja!

Am Ende mit den eigenen Entscheidungen
zufrieden zu sein,
Frieden mit sich gemacht zu haben,
bei allen eigenen Begrenzungen
und denen anderer...
Kann das nicht auch - Glück bedeuten?...

Ich glaube, ich habe gerade einen MUTAUSBRUCH...
Also im Kopf ist er schon mal...
Und was fange ich jetzt, um 4 Uhr morgens damit an?
Ich glaube ich lege mich erst mal aufs Ohr...
Aber später -
Werde ich mich sicher wieder irgendeiner Zumutung stellen.
Oder gar müssen?

Sind wir mutig,
damit wir nicht allzu viel bedauern müssen...
Mit Gottes Hilfe gelingt`s!

Also - irgendwie - ich weiß nicht wie -
ist aus dem Text "ZuMUTung" -

Immer mehr ein Text der "ErMUTigung" geworden -
Seltsam... aber ziemlich ErMUTigend!

Gott sei Dank!

Zurückweisungen

Sind unglaublich schmerzhaft,
wiegen schwer,
wirken lange nach.

Wie Liebeskummer
Doch, doch...

Stell dich nicht so an - sagen Sie
Sei nicht so empfindlich - sagen Sie
Damit muss man leben - sagen Sie
Ist mir auch schon passiert - sagen Sie
Das ruckelt sich wieder zurecht - sagen Sie
Da bist du aber auch dran beteiligt - sagen Sie
Und – hast du das nicht auch schon mal gemacht?

„Zurück auf LOS?"
Mal ehrlich -
War doch bei Monopoly schon doof...
„Zurück auf Anfang?"
Wenn`s nur so einfach wär'.

Außerdem – will ich denn da überhaupt hin?

Zurück auf "meinen Platz?"

Und wenn es nie meiner war?
Ist man bei einer Zurückweisung nicht zunächst sprachlos,
verunsichert,
gekränkt,
wütend,
schuldbewusst?

Die ganze Palette?... Die ganze Palette!

Wie jetzt...
Ich soll was ändern?
Ok!
Und wie mache ich das jetzt?

Herrschaftszeiten - Wie der Bayer so sagt...
Oder vielleicht...

„Jo mei i bin doch ned auf da
Brennsuppen daher gschwomma!"...

Die witzige Komponente hält nicht lange vor...
Wie erwartet...

Und da sind sie auch schon...

Die Selbstzweifel tauchen auf -
Die Hilflosigkeit schleicht sich an...

Dabei hatte ich mich immer noch als ziemlich
„Taff" eingeschätzt...
Zumindest die letzten Jahre...

Ja, gut das „Alter" nagt...
Auch nicht gerade zuträglich fürs Selbstwertgefühl...

Aber - hat die Wissenschaft nicht festgestellt, dass der
„ganz gemeine Mensch" 120 Jahre schaffen kann?!

Na!
Dann bin ich doch gerade in meiner zweiten Pubertät...
Mein Gott!...

„Früher" ja, da hatte ich zumindest noch „Macht"
über Schulter und Hirn...
Da hatte alles noch „Hand und Fuß"
und war gesund!

Und jetzt?

*Fühle ich mich von „Ihnen" ganz schön heftig zurückgewiesen...
Und in meiner Freiheit eingeschränkt!
„Corpus delicti" sozusagen.*

*So, von allen Seiten zurückgewiesen zu werden...
„Das haut rein!"*

*Besonders von Menschen, Situationen, Fähigkeiten,
die man sehr mochte, mag und braucht...*

*Das kann man sich auch irgendwann auch nicht mehr
„schönreden"...*

*Oder, vielleicht ja doch?...
Mit dem Selbstbewusstsein einer „Angie?"*

„Für mich soll's rote Rosen regnen"...

*Aber - sind da nicht Dornen dran?...
Also „Obacht" beim Wünschen!...*

*Suchen wir lieber Begegnungen und Beziehungen mit
Menschen, die unser Selbstwertgefühl in schwierigen Zeiten
stärken können, uns lieben und verstehen
und wenn mal nicht, dennoch an unserer Seite stehen!*

Und da, da fühle ich mich bei allen Widrigkeiten reich beschenkt!

Gott sei Dank

Inhaltsverzeichnis

80- und kein bisschen leise 11
Akrostichon 13
Brüderchen und Schwesterchen 14
Der Milchschrank 17
Die Neue 20
Unsere Ulme 23
Eigenlob 28
Einer fehlt 32
Hallo Einkaufswagen 42
Haiku 44
Hanna 45
Heimatlos 47
Himmelsleiter 55
In diesen Zeiten 58
Jahresausblick 2021 60
Kaschperletheater 63
Leere Räume 67
Mein Freund 70
Silbermond - Leichtes Gepäck 74
Nein, nein 78
Venedig 82
Ohne dich 95
Pinke Pinke 96
Schlüsselerlebnisse 100
Und dann war da das Spitzmäuschen 105
Spuren von Glück 106

Wechselbäder	109
Weihnachtszeit	116
Wie beim allerersten Mal	119
Wie jetzt	120
Winterblues	122
Die Zeit steht still, wir sind es, die vergehen	125
Wir haben bereits alles	130
ZuMUTungen	133
Zurückweisungen	138